周洁琼 ——

著

基于以太网的
列车通信网络实时调度
优化及应用

Optimization and
Application of Real-time
Scheduling in Train
Communication Network
Based on Ethernet

化学工业出版社

·北京·

内容简介

本书致力于研究基于以太网的列车通信网络的实时性问题，以我国 CRH5 型动车组为原型，建立基于交换式以太网的列车通信网络拓扑结构，深入分析了交换机的两级调度优化算法，并通过排队论和网络演算法详细计算了列车通信网络的时延构成，为列车的实时周期数据和实时非周期数据传输提供了实时传输解决方案，对研究基于以太网的列车通信网络的关键技术问题做出了深入阐述。

本书内容具有一定的专业深度，能为研究列车通信网络的读者解决深层次的专业问题提供参考方案。同时，本书的研究内容具有一定的行业扩展性，目前以太网技术已广泛应用于互联网通信、列车通信和航空航天通信等通信领域，因此本书亦能为通信技术专业方向的多个行业的高校教师、学生、研究人员和设备商等提供技术支持。

图书在版编目（CIP）数据

基于以太网的列车通信网络实时调度优化及应用／周洁琼著. -- 北京：化学工业出版社，2024.9.
ISBN 978-7-122-45848-3

Ⅰ.U285.4

中国国家版本馆 CIP 数据核字第 2024KM7852 号

责任编辑：张海丽　　　　　　　　装帧设计：刘丽华
责任校对：李雨函

出版发行：化学工业出版社
　　　　　（北京市东城区青年湖南街 13 号　邮政编码 100011）
印　　装：北京天宇星印刷厂
710mm×1000mm　1/16　印张 11¼　字数 179 千字
2024 年 10 月北京第 1 版第 1 次印刷

购书咨询：010-64518888　　　　　售后服务：010-64518899
网　　址：http://www.cip.com.cn
凡购买本书，如有缺损质量问题，本社销售中心负责调换。

定　　价：98.00 元　　　　　　　　版权所有　违者必究

前言

铁路交通长期以来一直是我国主要的交通运输方式。自从 2010 年我国将高速铁路作为优先发展的战略性新兴产业以来，到 2010 年底，我国铁路营业里程达到 9.1 万公里，居世界第二位，投入运营的高速铁路营业里程达到 8358 公里，居世界第一位。截至 2023 年底，全国铁路运营里程达 15.9 万公里，居世界第二位，高铁里程达 4.5 万公里，居世界第一位，占到世界高铁里程的 70％左右。

我国从 21 世纪起进入城市轨道交通快速发展的新阶段，以五年为周期，线路规模连续翻番增长，从 2016 年起城市轨道交通运营里程跃居全球第一，已建成轨道交通的城市之多、线路之长位居世界前列。《中国城市轨道交通行业市场前瞻与投资战略规划分析报告》显示，轨道交通相关产业链规模达到数千亿元，共涉及相关行业 20 多个。截至 2023 年 12 月，31 个省（自治区、直辖市）和新疆生产建设兵团共有 55 个城市开通运营城市轨道交通线路 306 条，运营里程 10165.7 公里。

铁路列车高速运行，城轨车辆频繁启停，对列车安全、可靠及高效运行提出了更高要求，机车车辆的控制和诊断技术越来越先进，与此同时面向乘客的服务信息越来越丰富，这些因素使列车网络控制系统中的设备种类和数量日益增多。此外，随着技术的不断发展和用户需求的不断提高，还会有新设备需要加入列车网络控制系统中。智能列车设备具备计算和通信功能，这就要求列车通信网络承载更多的信息交换，即需要通过网络传输的列车控制、状态监视、故障诊断以及乘客信息的数据越来越多，要求列车通信网络有较高的数据传输速率。

目前，常用作列车通信网络的现场总线有 WTB＋MVB、ARCNET、LonWorks 和 CAN 等。其中，WTB 的传输速率为 1Mbps，MVB 的传输速率为 1.5Mbps，ARCNET 在使用光纤传输时也只有 2.5Mbps 的传输速率，LonWorks 的最大传输速率为 1.25Mbps，CAN 的最大传输速率为 1Mbps。这些网络的传输速率已难以满足列车实时传输大数据量信息的需求。

以太网是目前应用最为广泛的局域网通信技术，因其传输速率高，已成为未来列车通信网络的主要解决方案和研究热点。传统以太网不适用于振动、高温、干扰、潮湿的列车运行环境，工业以太网的出现解决了这一问题，在产品设计上更多地考虑了材质的强度、适用性、抗干扰性、可靠性等满足工业现场环境需求的条件。

工业以太网虽然解决了运行环境的问题，但仍采用传统以太网的介质访问控制协议 CSMA/CD。这种介质访问控制协议使以太网成为一种不确定性网络，实时性较差。这样的列车通信网络会导致列车网络控制系统的控制性能下降、不稳定、系统振荡，甚至引起灾难。

交换式以太网技术为解决传统以太网的不确定性问题提供了突破口，其采用全双工和微网段技术，将冲突域控制在交换机的各个端口，并通过交换机内部的队列调度机制基本保证了数据传输的确定性，也在一定程度上提高了网络的实时性。

本书分别从交换式以太网的拓扑结构设计、通信调度优化算法和端到端时延分析计算三个方面出发，研究基于以太网的列车通信网络关键技术问题，促进我国相关技术的研究和应用进程。

本书由首都经济贸易大学周洁琼独立撰写，研究过程中得到了北京交通大学王立德教授和申萍副教授、中国铁道科学研究院简捷博士、莱茵技术（上海）有限公司王涛的支持，在此特别感谢！

限于研究的时效性和作者水平，书中如有疏漏，敬请广大读者批评指正。

著 者

目录

1 基于以太网的列车通信网络实时性概述 / 001

1.1 以太网在列车通信网络中的应用现状 / 003

1.2 列车通信网络的实时性需求分析 / 006

1.2.1 列车通信网络的特点 / 007

1.2.2 数据分类与实时性需求 / 008

1.3 以太网的实时性 / 010

1.3.1 确定性和实时性问题 / 010

1.3.2 实时性评价方法 / 014

1.4 交换式以太网的实时性研究现状 / 015

1.4.1 交换式以太网的特点 / 015

1.4.2 交换式以太网的实时性问题 / 016

1.4.3 交换式以太网的实时性研究现状 / 016

1.5 实时以太网的研究现状 / 021

1.5.1 实时以太网协议 / 021

1.5.2 时间敏感网络 / 022

2 基于交换式以太网的列车通信网络时延分析 / 023

2.1 概述 / 023

2.2 列车通信网络拓扑设计需求 / 024

2.2.1 一般列车网络控制系统的组成 / 025

2.2.2 列车通信网络拓扑设计需求总结 / 026

2.3 列车通信网络拓扑设计 / 027

2.3.1 以太网交换机的结构和工作原理 / 027

2.3.2 交换式以太网中数据帧的端到端时延构成 / 028

2.3.3 基于交换式以太网的列车通信网络拓扑设计 / 030

2.4 列车通信网络及时可靠性分析 / 033
2.4.1 及时可靠性模型 / 034
2.4.2 基于二元决策图的及时可靠性 / 035
2.4.3 及时可靠性的仿真测试与分析 / 038

2.5 列车通信网络的最大端到端时延分析 / 041
2.5.1 网络演算理论 / 042
2.5.2 FCFS 调度方式下的数据帧端到端时延 / 043
2.5.3 实时数据帧的最大端到端时延计算实例 / 045
2.5.4 实时数据帧的最大端到端时延分析 / 046
2.5.5 端到端时延的仿真测试与分析 / 048

2.6 本章小结 / 055

3 基于相对时延的终端设备到交换机的优化分配 / 056

3.1 概述 / 056
3.2 终端设备到交换机的分配优化问题描述 / 057
3.2.1 遗传算法基础 / 057
3.2.2 数据流的端到端相对时延 / 060
3.2.3 列车设备到交换机的分配模型 / 060
3.2.4 设备分配约束条件 / 060
3.2.5 基于相对时延的设备分配目标函数 / 061
3.2.6 目标函数的仿真测试与分析 / 062

3.3 基于混合交叉的遗传算法 / 065
3.3.1 编码方式 / 065
3.3.2 适应度函数 / 065
3.3.3 选择算子 / 066
3.3.4 混合交叉遗传算法设计 / 066

3.4 优化结果测试与分析 / 067
3.4.1 对标准测试函数的优化结果及分析 / 067
3.4.2 对列车设备分配的适应度函数优化结果分析 / 070

3.5 本章小结 / 072

4 交换机两级调度算法研究 / 073

4.1 概述 / 073
4.2 实时调度算法研究现状 / 074
4.2.1 实时调度算法在控制网络通信中的应用 / 074
4.2.2 优先级调度方法在交换机调度中的应用 / 076
4.3 交换机两级调度算法 / 077
4.3.1 一级调度——优先级-时间片调度 / 078
4.3.2 二级调度——最小截止期优先 / 079
4.4 采用网络演算计算实时数据帧的最大端到端时延 / 081
4.5 采用排队论计算数据的平均端到端时延 / 082
4.5.1 交换机数据的 G/D/1 排队模型 / 082
4.5.2 G/D/1 排队模型中的交换机排队时延 / 085
4.5.3 基于 G/D/1 排队模型的交换机排队时延实例计算 / 086
4.6 仿真测试与分析 / 088
4.6.1 仿真配置 / 088
4.6.2 仿真分析 / 088
4.7 本章小结 / 091

5 基于 FQPSO 和 SMT 理论的实时周期业务调度优化 / 093

5.1 概述 / 093
5.2 周期任务调度优化建模 / 094
5.2.1 时间触发通信机理 / 094
5.2.2 列车通信网络建模 / 097
5.2.3 任务调度约束条件 / 100
5.2.4 抖动与负载均衡目标 / 103
5.3 模糊控制量子粒子群算法 / 106
5.3.1 量子粒子群算法 / 107
5.3.2 收缩-扩张系数与势阱长度关系 / 108
5.3.3 基于模糊控制的量子粒子群自适应优化算法 / 110
5.4 基于可调度性排序 SMT 的时间触发调度 / 114

5.4.1 可满足性模块理论 / 114

5.4.2 周期业务可调度性排序 / 115

5.5 调度表性能评估 / 116

5.5.1 算法流程 / 116

5.5.2 网络环境 / 118

5.5.3 算例分析 / 119

5.6 本章小结 / 122

6 实时非周期业务调度与分析优化方法 / 124

6.1 概述 / 124

6.2 实时非周期数据融合调度模型 / 125

6.2.1 实时非周期数据传输特征 / 125

6.2.2 实时非周期数据融合传输机制 / 126

6.2.3 动态平滑加权轮询-最小截止期优先两级调度 / 130

6.3 基于随机网络演算的实时非周期数据时延计算 / 135

6.3.1 随机网络演算理论 / 135

6.3.2 TCN 实时非周期数据到达与服务过程 / 136

6.3.3 TCN 实时非周期数据积压与时延边界计算 / 139

6.4 基于贝叶斯规则的实时非周期业务时延估计方法 / 144

6.4.1 业务端到端时延测试 / 144

6.4.2 数据帧延误先验与后验概率分布 / 145

6.4.3 基于目标置信度的端到端数据延误率估计算法 / 147

6.5 算例仿真与分析 / 149

6.5.1 随机网络演算算例分析 / 149

6.5.2 DSRR-EDF 调度仿真 / 153

6.5.3 贝叶斯时延测试方法分析 / 160

6.6 本章小结 / 162

参考文献 / 164

附录　专业术语中英文对照 / 169

1 基于以太网的列车通信网络实时性概述

列车网络控制系统是一种将控制任务分布在不同智能节点（或设备）中的分布式实时控制系统，任务间的交互通过列车通信网络（Train Communication Network，TCN）以信息传递的方式实现，不仅有利于信息交换、资源共享，而且可以全面、实时、可靠地掌握与列车运行及状态相关的信息，实现分散监测、协同工作及安全运行。

列车通信网络是传输列车控制命令、状态监视、故障诊断及旅客服务等信息的数据通信网络，它作为列车网络控制系统的核心部分，相当于整个列车的神经系统，其网络通信机制直接影响控制任务的执行，影响深度最终会反映在列车控制系统的整体性能上。列车通信网络的传输速率是影响网络性能的重要参数，如果传输速率不能满足网络通信量的需求，难免会造成信息的碰撞和重传，使控制指令等信息在传输中出现较大时延，这将会使控制系统相位滞后，导致系统性能下降甚至不稳定。因此，选取具有较高传输速率的列车通信网络，研究实时性好的网络通信机制是设计列车网络控制系统的重要内容。

随着轨道交通技术的发展，机车车辆的控制和诊断技术越来越先进，相关控制数据越来越多，目前常用的列车通信网络（如绞线式列车总线＋多功能车辆总线）等难以满足持续增长的大信息量的数据传输需求。

2015 年法国国家铁路公司提出的 DIGITALSNCF 战略，2016 年德国铁路部门提出的"铁路数字化战略"（铁路 4.0），以及 2018 年英国制定的数字铁路战略（Digital Railway Strategy），均在列车运行控制、自动驾驶、智能基础设施等领域进行了研究与探索。我国在成功研制具有完全自主知识产权的"复兴号"动车组基础上，也开展了中国高铁智能型动车组的研发，并在"京张高铁"投入运营。工业以太网因为高传输速率和广泛的兼容性优势，成为下一代 TCN 的主流发展方向，并开始在包括城轨、地铁、高速列车等多种车型中承担不同程度的通信功能。目前 100Mbps/1Gbps 带宽的以太网已经在工业领域得到广泛成熟的应用，最先进的 400GB 以太网技术也于 2019 年正式投入商业部署。高带宽优势大大强化了以太网对 TCN 的集成性，使列车的多维度、多业务数据共享传输网络成为可能，实现"E网到底"。

以太网是目前应用最为广泛的局域网通信技术，因其传输速率高，也成为未来列车通信网络的主要解决方案和研究热点。其主要有以下几个优势：

① 传输速率高。目前 100Mbps 的快速以太网技术已进入成熟应用阶段，100Gbps 的以太网处于研发阶段。

② 兼容性好。长期以来，人们在现场总线的标准问题上无法达成完全统一，互联、互通与互操作问题很难解决，于是现场总线开始转向以太网。

③ 集成能力强。可将列车的控制、监视、诊断、维护、乘客信息系统和列车闭路监控系统等应用集成到一个网络里，实现"E网到底"。

④ 便于实现网络的智能化。例如跟踪互联网的前沿技术，进行数据挖掘和网络融合等。此外，以太网还具有价格低廉，容易扩展，开放式网络，资源共享能力强，可持续发展潜力大等优点。

IEEE 802.3 标准定义的以太网采用总线型拓扑结构，MAC 层采用的介质访问控制协议是载波监听多点接入/碰撞检测（Carrier Sense Multiple Access with Collision Detection，CSMA/CD），产品设计考虑办公环境使用，本书将这种以太网称为传统以太网。

工业以太网因其传输速率高、成本低等优势已成为未来列车通信网络的主要研究方向之一，而交换式以太网是工业以太网在实际应用中的主要架构形式。本书给出一种基于交换式以太网技术的列车通信网络拓扑设计方案，并针对实时通信这一关键技术进行深入研究，深入分析多种调度优化算法，采用多种实时性评价方法分析网络的端到端时延。

本章首先阐述了工业以太网在列车通信网络中的实际应用情况，然后分析了列车通信网络的实时性需求，接着阐述了以太网的实时性研究现状，最后分别阐述了交换式以太网和实时以太网的实时性研究现状。

1.1 以太网在列车通信网络中的应用现状

本节从三个方面来说明以太网在列车通信网络中的应用情况。

(1) 基于以太网的列车通信网络的标准制定

国际电工委员会和欧洲电工技术标准委员会联合起草的 IEC 61375 标准，推动了工业以太网技术在列车网络控制领域中的全面应用，该标准的框架如图 1-1 所示。

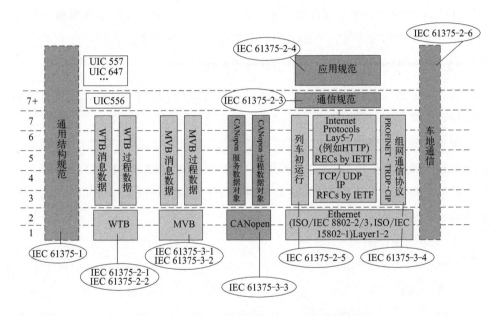

图 1-1 列车通信网络标准 IEC 61375 的框架

注：WTB（Wire Train Bus，绞线式列车总线）；MVB（Multifunction Vehicle Bus，多功能车辆总线）；TCP（Transfer Control Protocol，传输控制协议）；UDP（User Data Protocol，用户数据报协议）；TRDP（Train Real-time Data Protocol，列车实时数据协议）

根据标准的规定：基于以太网的列车通信网络分为列车级骨干网（Ethenet Train Backbone，ETB）和车辆级编组网（Ethernet Consist Network，ECN）两层。

IEC 61375-2-5 是列车级骨干网标准，主要规定了列车初运行功能的实现目标，包括对骨干网节点（Train Backbone Node，TBN）和以太网编组网的 ID 分配以及各个列车设备的 IP 地址分配。IEC 61375-3-4 是车辆级编组网标准，主要规定了列车数据传输类型、服务质量（Quality of Service，QoS）保障、IP 地址分配、网络设备接口、终端设备接口等内容，其中 QoS 主要指网络实时性保障。

IEC 61375 标准规范了基于以太网的列车通信网络的实现目标，并未阐述和限定具体实现方案。本书在遵守标准规定的前提下，给出了基于交换式以太网的列车通信网络拓扑结构，在此基础上研究了相关实时通信技术，并将 IEC 61375-1 和 IEC 61375-3-4 两项标准提出的相关时延约束作为本书的低标准时延约束条件和高标准时延约束条件，考察提出的实时通信技术的有效性。

(2) 国外基于以太网的列车通信网络应用现状

国外知名轨道交通厂商都在研究采用工业以太网传输列车信息。目前在实际应用中，大多数列车网络是以太网和传统列车通信网络并存的局面，其中以太网主要用来传输旅客信息系统的非实时数据，或者用于吞吐量非常小的实时网络通信（数据碰撞的概率较小）。完全采用以太网传输实时数据的技术还处于研究阶段，实际应用较少，国外的研究主要采用自行研发的实时以太网技术，存在一定的兼容性问题。

① 加拿大庞巴迪。

庞巴迪公司研制了由以太网组建的列车网络，其在荷兰和德国的区域性列车上配备了车载以太网系统，该以太网网络可确定列车的组成，如列车由何种车厢组成，车厢的结合次序及它们以何种方向运行（可打开正确的车门组等），而 WTB+MVB 仍保持用于列车范围的通信功能。这是世界上首例将以太网协议用于列车控制数据管理。目前，该公司也在研究完全依赖以太网的列车通信网络。

目前，庞巴迪公司已经投入运行的基于以太网的列车都采用 IPTCom 协议，同时庞巴迪在 IPTCom 协议的基础上研发了专门用于列车网络的基于以太网协议的 TRDP 实时协议，庞巴迪公司也正在研发基于该协议的列车通信网络产品。TRDP 协议的物理层和链路层采用标准以太网协议；网络层和传输层采用标准的 TCP/IP 协议栈；传输层之上设置 TRDP 实时调度层，将数据分为过程数据、消息数据和安全数据进行传输。

② 德国西门子。

西门子在研究基于以太网的 ICx 列车，ICx 列车将在未来成为德国铁路局长距离运输的主力。ICx 列车的控制网络采用以太网作列车级网络，采用实时以太网 PROFINET 方案中的 PROFINET IO 作为车辆级网络解决方案。

PROFINET 实时协议由西门子和 PROFIBUS 用户协会联合开发，采用 TCP/IP 协议在标准通道上发送实时性要求不高的数据，将实时性要求高的数据分为 3 种，通过实时通道进行传输。其中，实时性要求最高的数据通过等时同步实时通信（Isochronous Real-Time，IRT）技术进行传输。

③ 日本。

日本日立公司和东芝公司都在研究基于工业以太网的列车通信网络。日立公司的基于以太网的 B-System 架构由两部分网络组成：一部分是车载以太网络 B-LAN；另一部分是高速大容量无线车地网络 B-NUS，用于连接 B-LAN 与地面系统。该构架目前还未进行过行车实验。

④ 其他。

芬兰默松控制系统有限公司（EKE）研究基于 IP 的以太网列车解决方案 EKE-Trainnet®IP，采用 Ethernet/IP 实时以太网协议。捷克 UniControls 公司开发了一套基于以太网和 TCP/IP 协议的列车控制与监视系统 UNITRACK TCMSe，它提供了一个强大的、模块化和可扩展的平台，允许实现子系统之间的高速数据通信。瑞士 Selectron 公司研发了一套基于以太网的列车控制与管理系统，用 IP 技术实现控制和监视，并将 PROFINET、CANopen、WTB 等不同的网络协议集成于同一个 TCMS 系统中，可以充分发挥不同协议的各自优势。

(3) 国内列车上的以太网应用情况

国内列车通信中已有以太网的应用（表 1-1）同国外应用一样，主要是以太网与传统列车通信网络共存的配置方式，大多采用以太网传输旅客信息系统的信息，还用于程序下载和维修检测等，主要都是非实时的应用。部分列车采用以太网实现列车初运行的数据传输，所传数据量较小，发生碰撞的概率较低，时延较小。

表 1-1　国内列车上的以太网应用情况

车型	列车总线	车辆总线	以太网应用情况
CRH1 动车组	WTB	MVB	列车控制单元(Vehicle Control Unit, VCU)配备了一个 10Mbps 的以太网接口，通过 RJ-12 连接，主要用于调试、下载应用程序及其他开发。以太网通道不能用于内部的车辆通信
CRH2 动车组	ARCNET	点对点串行传输，20mA 电流环	以太网主要用于旅客信息系统的通信，列车级采用的是冗余 100Mbps 以太网，车辆级采用的是非冗余 100Mbps 以太网
CRH5 动车组	WTB	MVB	以太网主要用于列车维修，将诊断数据传送到地面
北京地铁 6 号线	MVB	MVB	通过集线器(HUB)构建贯穿全列的以太网，连接两端中央控制单元及人机接口单元
北京地铁 4 号线			采用以太网传输乘客信息系统信息
台北捷运列车			2011 年翻修时，由 MOXA 公司增添基于以太网的视频监控系统
深圳地铁 4 号线列车			由贯穿全列的工业以太环网完成视频监控系统、乘客信息显示系统的通信
HXD3 机车	Ethernet（以太网）	RS485	采用 UDP/IP 协议＋10Mbps 半双工以太网作为机车重联的网络
HXN5 机车	Ethernet（以太网）	ARCNET	以太网作列车总线，还具有数据统计、事件记录、软件下载等功能

1.2　列车通信网络的实时性需求分析

本书考察的网络实时性指的是在保证信息正确传输的前提下，其端到端时延满足具体应用的约束条件的裕量，满足约束条件下的裕量越大，实时性越好。为了满足传输的实时性，通常要求信息的传输具有确定性和可重复性。确定性是指有限制的时延和有保证的传送，即一个报文能在可预测的时间周期内成功发送出去。可以说，确定性是实时性的基础。可重复性是指网络的传输能力不受网络上节点的动态改变（增加或者删除节点）和网络负载改变的影响。

通过 1.1 节的阐述可知，目前以太网在车载通信中主要传输非实时性数据，与其他传输实时数据的网络共存。而采用纯以太网做列车通信网络的关键技术是解决载波监听/碰撞监测（Carrier Sense Multiple Access/Collision Detection，

CSMA/CD)机制所带来的不确定性问题，提高其实时性。本节在说明列车通信网络特点的基础上，主要分析其实时性需求，提出低标准时延约束条件和高标准时延约束条件，以此考察后续所提实时通信技术的实时性。

1.2.1 列车通信网络的特点

根据不同的分类标准，可对计算机网络做出不同的分类。例如，按照网络覆盖的地理范围分类，可以将其分为局域网、城域网和广域网3种；按照应用场合的不同，可将网络分为信息网络和控制网络。其中，信息网络一般指应用于办公、通信和企业上层管理的，采用以太网＋TCP/IP协议栈的网络；而控制网络一般指应用于工业控制领域的，直接面向生产过程和控制过程的特殊网络。列车通信网络是一种特定的工业控制网络。

列车通信网络连接车厢内的可编程设备、传感器和执行机构，以便完成如下任务：

① 列车运行控制。包括各动力车的重联控制，全列车的牵引控制、制动控制和车门车灯空调等的控制。

② 列车运行状态监视。全列车的设备状态信息可通过列车通信网络传送到司机室人机接口单元进行显示。

③ 列车故障诊断及维护。全列车的自检及故障诊断决策信息的传输。

④ 为旅客提供信息及舒适性服务。包括面向乘客的到站信息提醒和温度、时速等信息显示。

作为应用于列车这一流动性大、电磁环境恶劣、可靠性要求高、实时性强、与控制性能紧密相关的特殊环境的计算机局域网络，列车通信网络有如下特点：

① 实时性要求高。列车是具有极高安全要求的移动型服务设备，服务对象众多，信息传输的实时性关乎行车安全，因此保证通信的实时性是列车通信网络的首要任务。特别是高速列车，由于速度很高，环境条件变化迅速，对实时性要求更高。

② 可靠性要求高。列车通信网络的工作环境恶劣，又承担着车上几乎所有设备的监视、控制和管理任务，其可靠性直接影响列车的运行安全。

③ 高速通信。列车中的设备日益增多，功能日益强大，需要通信的数据量

越来越多，高速的网络通信是保证大数据量信息实时传输的关键。

④ 自动组网，即网络节点的自动配置。对于非固定编组列车，在列车重联时需要完成自动实时重组网络的功能。

除此之外，它还有如下一些与工业控制网络相似的特点：网络中的信息多为短帧消息，长度较小且信息交换频繁；网络中的周期信息与非周期信息同时存在，正常工作状态下，周期信息较多，非周期信息较少；信息流向具有明显的方向性，如状态监视信息由变送器向各控制单元传送，控制信息由控制单元向执行器传送，故障诊断信息由现场仪表向故障诊断控制单元传送，最终传输到列车信息显示单元进行显示；控制命令和状态监视信息的传送具有一定的顺序性，如状态监视信息首先需要传送到控制单元，由控制单元进行控制运算，再将发出的控制信息传送给执行机构，控制相关阀门的动作；易存在同一网络中多家公司产品与系统的兼容性问题，以及协议一致性与互操作性问题；通信方式多为广播或者组播的通信方式；应具有良好的环境适应性，即在高温、潮湿、振动以及电磁干扰等恶劣环境中长时间、连续、可靠、完整地传送数据的能力；应该考虑在可燃与易爆场合，具有自动防止故障发生或者故障导向安全的能力。

综上所述，列车通信网络的显著特点之一是具有很强的实时性要求，尤其是涉及制动、牵引、故障诊断等应用的信息，必须有严格的传输时延上限，才能保证行车安全，因此对列车通信网络的实时性需求进行分析具有重要意义。

1.2.2 数据分类与实时性需求

本书将 WTB+MVB 网络的时延要求作为实时性考察的标准之一，该网络按照需要传输的数据特点，将数据分为如下 3 种：

① 过程数据（Process Data）。主要用于列车控制命令和状态信息的传输，数据帧较短但可靠性要求高，要保证实时性（Real-time）和确定性（Determinism），一般进行周期性传输。

② 消息数据（Message Data）。主要用于故障和诊断信息的传输，数据帧有长有短，一般按需传送，没有周期性，需要一定的实时性。

③ 监视数据（Monitoring Data）。主要是以事件鉴别、总线主权转移和设备状态传送为目的的数据交换。

本书将 IEC 61375-3-4 的时延规定作为实时性考察的另一标准,其将列车通信网络传输的数据分为 5 种：监视数据、过程数据、消息数据、流数据和最大努力交付数据,考虑用工业以太网同时传输列车控制信息和乘客多媒体信息的需求。

本书从实时性分析的需求出发,将上述 5 种数据进行归类,总结为 3 种：

① 实时周期数据（Real-time Cycle Data），包括监视数据和过程数据。监视数据主要指用于列车拓扑管理等的信息,过程数据指由控制单元发出的控制命令和列车变送器向上反馈的状态监视信息。这类信息的实时性要求高,具有周期性。

② 实时非周期数据（Real-time Aperiodic Data），包括消息数据和流数据。主要指列车设备故障的报警信息等。这类信息的实时性要求也高,具有突发性。

③ 非实时数据（Non-real-time Data），包括最大努力交付数据。主要指旅客信息系统的多媒体信息。这类信息一般没有实时性要求。

综上所述,实时周期数据和实时非周期数据都通过实时信息传输,实时性要求高于非实时数据,实时信息的数据帧长度较短,而非实时信息的数据帧较长。

按照 IEC 61375 标准对 WTB+MVB 网络的规定,列车数据中的过程数据在整个网络上传送的最大时延应在以下极限值范围内：允许有最高优先权的所有过程数据从车辆总线的一个应用通过列车总线传送到另一车辆总线上的应用,时延应小于 100ms；允许有最高优先权的所有过程数据从车辆总线上一个设备的应用传送到同一车辆总线上另一设备的应用,时延应小于 50ms。

IEC 61375-3-4 规定监视数据和过程数据的时延小于 10ms,消息数据的时延小于 100ms,流数据的时延小于 125ms,最大努力交付数据没有实时性要求,标准中没有指定该数据时延的端到端范围。

本书依据上述两项标准的规定,通过以下两种时延约束条件考察所提出的实时通信技术是否满足实时性要求：

① 低标准时延约束条件：具有最高优先权的实时周期数据的列车级通信的端到端时延小于 100ms,车辆级通信的端到端时延小于 50ms。

② 高标准时延约束条件：具有最高优先权的实时周期数据的列车级通信的端到端时延小于 10ms。

1.3 以太网的实时性

以太网应用于列车通信网络的关键技术是提高网络实时性。本节首先介绍几种为提高传统以太网实时性而发展起来的以太网技术，然后从不同的实时性改进角度分析以太网的实时性研究现状，最后提出进行实时性评价的方法。

1.3.1 确定性和实时性问题

信息网络设计首先要考虑吞吐量和公平性等网络性能，工业控制网络的设计主要考虑网络的安全性和可靠性，而通信确定性和实时性是安全可靠的基础和保障。

传统以太网采用 CSMA/CD 机制，这是一种不确定性通信方式，节点通过竞争总线实现数据发送，实时数据有可能在竞争中被非实时数据阻碍，经历不可预见的时延，甚至长时间无法发送，最终导致网络传输时延和通信响应的不确定性。此外，以太网的整个传输体系并没有有效的措施及时发现某一节点的故障而加以隔离，从而有可能使故障节点独占总线而导致其他节点传输失效，导致网络的实时性能非常差。对于列车通信网络，以太网的这种通信不确定性会导致系统控制性能下降，控制效果不稳定，甚至会引起系统振荡；在有紧急事件发生时，还可能因为报警信息不能得到及时响应而导致灾难事故的发生。

为解决不确定性和实时性差的问题，以太网从出现到现在经历了很多发展。从 20 世纪 70 年代出现以太网技术开始，以太网的传输速率从 2.94Mbps 发展到 10Mbps、100Mbps 乃至现在的 10Gbps，随着传输速率的提高，数据碰撞的概率降低，在一定程度上提高了网络的实时性。而随着以太网的应用从办公环境发展到工控领域，以太网也经历了从传统以太网到工业以太网，再到实时以太网的发展历程。工业以太网仍采用 CSMA/CD 的介质访问控制方式，只是在产品设计上更多地考虑了材质的强度、适用性、抗干扰性、可靠性等满足工业现场环境需求的以太网。实时以太网是在传统以太网协议上进行了实时性改进后的工业以太网。而交换式以太网是一种采用局域网交换设备的以太网技术，既被应用于办公领域，也是工业以太网在实际应用中的主要架构形式。这几种以太网技术的发展演变及特点对比如表 1-2 所示。

表 1-2 以太网技术的发展演变及特点对比

以太网种类	适用环境	介质访问控制方式	实时性	成本	兼容性
传统以太网	办公、商业、学校和住宅等场所	CSMA/CD	较差	低	好
交换式以太网	商业和工业等	CSMA/CD	较好	较低	好
工业以太网	工业:交通、电力、电子和制造业等领域	CSMA/CD	较差	较低	好
实时以太网（属于工业以太网的范畴）	工业	部分实时以太网采用CSMA/CD,部分改变了该机制	好	高	差

在这几种以太网技术的发展演变过程中，出现了很多提高以太网实时性的方法，这些方法亦有多种分类。

根据软硬件改进方式的不同，分为硬件实时改进和软件实时改进。硬件实时改进是指通过设计适当的硬件电路，限制节点访问网络的时间和速率，以减少网络碰撞和排队时延，达到实时通信的目的，但这种方法大大提高了节点的硬件成本。针对是否修改硬件，可以将实时性改进方法整理如表 1-3 所示，其中，有学者将交换式以太网技术归入异构策略分类中。

表 1-3 针对是否修改硬件的实时性改进方法

实时性改进方法		优点	缺点
修改以太网硬件（修改 IEEE802.3 规定的 MAC 层的 CSMA/CD 协议）		一定程度上提高实时性	不能使用通用以太网芯片和硬件,成本增加,兼容性差
不修改以太网硬件	同构策略（平滑策略，如漏桶原理）	可以与标准的以太网节点共存和通信	需要所有节点采用同样的改进措施来保证实时性
	异构策略（如交换式以太网技术）	不要求所有节点做修改,往往是对某类节点进行修改,最实用和最有研究价值	暂无明显缺点

表 1-3 中不修改以太网硬件的方法就是软件实时改进方法，是指在不增加节点硬件成本的同时，通过软件调度策略改进网络的实时性。还有学者研究了同构策略，通过在协议高层采用漏桶原理控制负载率，能在一定程度上提高网络实时

性。还有学者研究了异构策略，通过采用交换式以太网提高网络实时性，兼容性好，成本低。

针对 CSMA/CD 机制所导致的碰撞冲突问题，实时性改进方法又可以分为冲突避免和冲突解决两种，研究成果如表 1-4 所示。

表 1-4 冲突避免和冲突解决的方法

改进方法	实现原理	优势	缺点
冲突避免（本质是使基于 CSMA/CD 的通信具有可预测的时态行为）	时分多址接入（Time Distributed Multiple Access, TDMA）：预先给每个节点分配一定带宽，使节点只能在固定时间片向网络发送信息	可以保证每个节点的信息具有确定的发送时间	不能反映每个节点的实际带宽需求
	可预测的 CSMA（Predictable CSMA, PCSMA）：假定各节点的信息发送都是周期性的，离线计算出所有信息的调度方案并下载到各节点，各节点按照该调度表发送信息	可以反映节点的实际带宽需求	不能根据网络的实际情况动态改变调度策略
	基于虚拟令牌的以太网通信方法：主从式网络，唯一的主站定时向各个节点发送虚拟令牌，只有收到令牌的从站才能发送数据	可以避免冲突，一定程度上提高实时性	兼容性较差，不适合大面积推广应用
	集中的介质访问控制机制：利用一个中心控制节点收集相关状态信息，并决定发包时刻		
冲突解决（冲突发生后决定再次发包时刻的策略）	CSMA/DCR：采用确定性的二叉树寻址方法遍历节点，在每一次冲突发生到冲突解决区间只发送一个信息	解决冲突，提高实时性	当一个网段有多个节点时，会产生较大的时延
	CSMA/MDCR：再次发包时间由信息通知和信息发送两个部分组成，信息通知中包含节点发送所需时间和允许发送信息个数	节点的信息通知成功后，可以连续发送几个信息，提高节点信息发送的实时性	基于节点地址的寻址方式不能有效反映信息的实际实时性需求
	CSMA/LDCR：动态二叉树寻址，只有当信息的松弛期（Laxity）小于某个限定值才发送该信息	动态分配优先级，有效提高了实时性	
	基于冲突包确定性重传时延方案	可以保证所有信息包的时延有上限	降低工作效率和信道利用率
	改进以太网的 MAC 层协议，如在链路层数据帧增加优先级字段	暂无明显优势	增加成本，兼容性差

结合目前的实际应用，总结提高以太网实时性的具体方法，有以下 3 种：

① 在不改变以太网 MAC 层协议的基础上做改进

a. 采用全双工交换式以太网。在以太网中使用交换技术可以避免由于多个站点竞争信道而产生的碰撞，减小由此带来的时延。

b. 提高网络传输速率。实际应用经验表明，对于传统以太网，当通信负荷在 25% 以下时，可保证通信畅通，当负荷在 5% 左右时，网络上碰撞概率几乎为零。目前以太网的速率已经从传统的 10Mbps 发展到 10Gbps。

c. 采用 IPv6 技术。IPv6 协议相对简单，处理数据更快，使数据传输时延更小。同时 IPv6 报头可以设置数据的优先级，能保证实时数据的优先发送。

d. 采用虚拟局域网技术。虚拟局域网技术把同一个交换网分为逻辑上的几个子网，每个子网都是一个广播域，能减少碰撞。

e. 在数据链路层设计良好的退避算法。良好的退避算法可以避免一个数据包被发送时等待的时间过长，并保证网络上各主机发送数据的公平性。

经研究发现，这种方法可以将工业以太网的实时响应时间做到 5～10ms，可以满足基本的列车通信实时性需求。

② 修改以太网的 MAC 层协议来达到确定性调度，提高实时性。

这种方法要改变 CSMA/CD 的运行机制，需要对网络芯片重新进行设计，大大增加制作成本，丢弃了以太网价格低廉的优势，不易于推广。

③ 在 MAC 层之上增加实时调度层。

目前应用比较广泛的实时以太网大都采用这种方法。实时以太网（Real-Time Ethernet，RTE）是各大标准组织和公司为了满足高实时性应用的需求，提出的提升工业以太网实时性的解决方案，这些方案建立在 IEEE 802.3 标准的基础上，通过对协议的实时扩展而形成。根据实时性扩展方案的不同，实时以太网主要分为如图 1-2 所示的几种类型。这几种实时以太网在现场总线国际标准 IEC 61158 和实时以太网技术国际标准 IEC 61784 中都有相关的规范。

这些实时以太网技术又呈现当初多种现场总线百家争鸣的局面，各自都在传统以太网基础上进行了相关协议栈的改动，在实际应用中难免会出现兼容性问题。同时，实时以太网技术都在一定程度上存在技术壁垒，最多只是局部的"开放"，难以由用户自行进行应用设计。

通过分析目前的研究现状可以看出，异构策略中的交换式以太网技术可以解

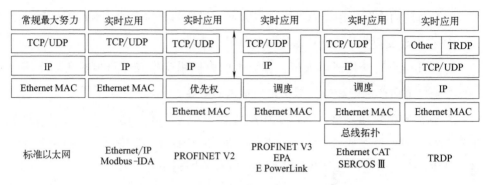

图 1-2 几种实时以太网技术的实时性改进方法

决不确定性问题,实时性和兼容性较好。本书着重研究采用交换式以太网的列车通信网络架构,结合列车通信的特点,研究进一步提高交换式以太网实时性的通信技术。该方法既能利用以太网传输速率高的优势,又能保持硬件兼容性,不增加成本,还能跟踪以太网技术的最新进展,获得不间断的技术支持。

1.3.2 实时性评价方法

列车通信网络是一种特殊的工业控制局域网络,而由于基于以太网的列车通信网络也将以太网+TCP/IP 协议栈作为基础,因此其与信息网络既有区别,又有联系,因此很多应用于信息网络的实时性评价方法可以且必须经过改进才能应用于列车通信网络的实时性研究。

信息网络的数据基本是非实时非周期数据,而控制网络的数据类型可以分为实时周期数据、实时非周期数据和非实时数据,对它们进行网络实时性评价的方法不尽相同。

信息网络既可以采用排队论分析平均时延,也可以采用网络演算法分析最大时延。而目前控制网络不适合采用传统的排队论或者网络演算法分析:一方面,列车通信网络中的大多数数据都是周期性的,不符合泊松或者伯努利分布,不适合采用传统排队论;另一方面,网络演算理论主要是计算网络最坏情况下的端到端时延,计算结果较为保守,而在实际运行过程中网络处于这种情况的概率较低,比最大时延更有意义的是时延的分布情况和平均值。

针对这个问题,一般的解决方法是:①将周期数据和非周期数据分时传输,采用改进的排队论来分析网络的平均时延;②采用统计网络演算理论定量求解网络性能的统计边界，而不是最大值。武汉理工大学的陈本源博士利用统计网络演算理论得出在不同调度策略下各类数据的统计时延上限和时延分布，为实际的网络设计与优化提供了新的性能指标及评估方法。这种方法需要在线评估网络的统计性能，并作为系统优化设计的指标，还需要对由确定性网络演算得出的时延上限的悲观程度进行评价，不适合用于列车通信网络的实时性分析需求。

本书综合采用网络演算法和改进的排队论分析网络的最大端到端时延和平均端到端时延，给出网络时延的全面评估。

1.4 交换式以太网的实时性研究现状

IEC 61375-2-5 和 IEC 61375-3-4 将列车上具有网络通信功能的电子控制单元称为终端设备（End Device，ED），而将交换机、中继器等设备称为网络设备（Network Device，ND）。从技术上讲，采用以太网交换机这种网络设备连接各终端设备的网络称作交换式以太网。本节首先介绍交换式以太网的特点，然后分析将其应用于列车通信网络存在的问题，最后从实时通信技术和实时性评价方法两个方面说明交换式以太网的实时性研究现状。

1.4.1 交换式以太网的特点

(1) 全双工和微网段技术

交换式以太网采用微网段全双工通信方式，每个站点具有独立的冲突域，数据的发送不再受限于 CSMA/CD 协议，可以随时接收和发送数据，保证了数据传输的确定性，大大提高了以太网通信的实时性。因为不用再进行碰撞检测，交换式以太网的传输距离也相对较长。

(2) IEEE 802.1P 排队特性

IEEE 802.1P 排队特性采用带 VLAN 标记的 IEEE 802.1Q 格式的以太网数据帧格式，其中有 3bit 字段设置用户优先级，提供 8 种优先级别，可以保证实时数据的优先传送。

(3) 虚拟局域网技术

虚拟局域网通过交换机和网络管理软件构建可跨越不同网段的、与设备物理地址无关的逻辑组，把数据传输限制在虚拟网段内部，可以解决广播风暴的问题。同时，各个 VLAN 之间不能直接通信，其数据交换必须通过交换机转发，通过这样的隔离可以提高安全性。

1.4.2 交换式以太网的实时性问题

早期的交换机没有针对不同类型的控制数据进行转发的措施，无法保证实时性要求高的数据的优先转发，尤其是非实时数据帧往往较长，会长时间阻碍实时数据帧的发送。

IEEE 802.1P 规范的引入为以太网支持优先级通信提供了新的契机，交换机最多可支持 8 种优先级，能够使实时性要求高的数据得到优先转发，在实际应用中一般仅使用 4 种，这是可以满足列车通信中的数据分类要求的（实时周期数据、实时非周期数据和非实时数据），但是还存在两个问题：

① 同一优先级队列中的实时数据无法考虑不同的截止期要求。

② 通过在链路层数据帧添加优先级字段实现优先级通信，这是一种改变了以太网硬件兼容性的修改策略。

1.4.3 交换式以太网的实时性研究现状

关于交换式以太网的实时性研究可以分为两个方面：一方面是提高实时性的通信技术的研究，另一方面是实时性评价方法的研究。

1.4.3.1 实时通信技术的研究

交换式以太网是由终端设备和交换机通过一定的拓扑结构组建的网络。对于交换式以太网的实时性改进也可以从 3 个方面展开：

① 拓扑结构的设计和优化。

② 交换机调度算法的研究。

③ 交换机节点和终端设备的实时性改进，这两种节点的改进既有区别，又有联系，如很多针对终端设备的改进措施也需要交换机节点作相应改进。

本书着重从这 3 个方面研究能提高交换式以太网实时性的实时通信技术，并采用解析方法、仿真方法和实验方法进行实时性评价。本小节先对这 3 个方面的研究现状进行阐述，1.5.3.2小节将对实时性评价方法的研究现状进行阐述。

(1) 拓扑结构的设计和优化

在交换式以太网中，数据在交换机中的时延占端到端时延的较大比例，而交换机中的排队时延又是最大的时延变量部分。设计合理的列车通信网络拓扑，尽量保证列车设备之间的通信经过最少的交换机，是减小网络时延，保证网络实时性的主要研究内容。

有学者提出交换式以太网的设计要考虑多个节点之间的数据交换，尽量把有频繁通信关系的节点限制在同一个交换机中，减少不同交换机间的数据交换，这样既提高数据传输的可靠性，也减小数据传输时延。还分别采用频谱算法和遗传算法来设计节点与不同交换机的连接，寻找最优的网络拓扑。

华中科技大学的胡晓娅博士和浙江大学的张雷博士都在此基础上研究了减小子网（一个交换机和其所连接的所有设备构成的单元称为子网）间通信的方法，武汉理工大学的陈本源博士采用遗传算法研究了设备到交换机的分配问题。

Schneider等分析了采用不同网络拓扑（线型、环形和树型）的交换式以太网，研究了主从式通信模型的最小周期时间，指出树型拓扑能够获得最小的周期时间，而且所需交换机的数量也最小，而环形拓扑则更容易进行冗余。Moxa和Hirschmann等公司已经开发出具有快速恢复功能的环形冗余交换式以太网。

(2) 交换机调度算法的研究及存在的问题

交换式以太网通过全双工和微网段技术基本解决了以太网的不确定性问题，对交换机进行合理调度是进一步提高其实时传输能力的主要途径。

有学者通过交换机的IEEE 802.1P排队特性来区分不同数据的实时要求，对周期性实时数据采用单调速率调度算法。有学者给出了估计周期性数据流在交换机内的排队概率及相应的排队时延的方法，适用于网络中全部为周期数据的情况，而且还要知道所有周期数据的发送周期。张奇智博士在数据发送的源节点和交换机的介质访问控制层中引入基于IEEE 802.1P和最小截止期限优先的调度方法，这种改进方法需要在链路层数据帧中增加截止期限字段，需要改变以太网协议栈。胡晓娅博士提出采用分级调度算法，首先在交换机中采用基于IEEE 802.1P的非抢占式优先级调度方法将数据分成3个队列，然后采用不同的调度方式发送3个不同队列中的数据，对优先级别最高的周期性实时数据队列，采用遗传算法离线生成调度表，这种方式需要改变交换机的协议栈。以上两位博士都按照实时周期数据、实时非周期数据和非实时数据的优先级从高到低的顺序分了3个优先级队列，但是对于列车通信网络的应用，不能认为实时非周期数据的优先级比实时周期数据低，如部分故障报警信息的优先级要高于常规状态监测数据。陈本源博士也将交换机的输出缓冲队列分为3个优先级，他考虑到了3个队列数据发送的公平性，为每个队列固定地分配服务时间片，但是他研究的交换机结构是基于虚拟输出队列（Virtual Output Queue，VOQ）的交换机，调度复杂，不适合进行高速交换。针对交换机分队列调度算法的研究方法如表1-5所示。

表1-5 针对分队列的交换机调度算法的研究

交换机分队列调度算法		优势	缺点
以输出队列（OQ）交换机为研究对象	按优先级排队（Priority Queuing，PQ）类算法	一维调度，相对简单	可扩展性较差
	最小截止期优先（Earliest Deadline First，EDF）调度策略		
以基于虚拟输出排队的输入队列结构（IQ）交换机为研究对象	启发式算法（最经典的是iSLIP算法及其衍生）	能有效利用硬件资源，已广泛应用于各种商用交换机中	二维调度问题，相对复杂。由于输入输出竞争之间的相互制约，该类算法很难实现确定性的QoS保障
	RR（Round Robin）类算法及变体	算法比较简单	由于匹配矩阵及调度顺序完全预先确定，无法灵活应对分组的动态到达情况

(3) 交换机节点和终端设备的实时性改进

这两类节点之间的改进往往相互关联：有些对终端设备的实时性改进方法往往需要交换机配合改进，如在终端设备增加截止期字段来进行EDF调度，必须要求交换机也同样能够识别该字段；有些基于终端设备的调度策略可将调度任务分配给各终端设备，交换机只需执行简单先到先服务排队。具体研究如表1-6所示。

表 1-6 改进交换机节点和终端设备的研究方法

交换机节点和终端设备改进		优势	缺点
在协议高层进行流量整形（通过将大的数据包整流成多个小的数据包控制发送）		可以有效减小非实时数据的时延	因为实时数据包比较小，对实时数据的时延降低不明显
修改介质访问控制协议（Medium Access Control，MAC）	在链路数据帧增加截止期字段，EDF 调度方法	在一定程度上改进实时性	兼容性差
	重新设计 MAC 层模型，提出软实时调度算法		
在 MAC 之上添加实时调度层	为所有终端设备和交换机的 MAC 层之上添加实时层，以支持 EDF 调度	发送实时数据之前，源节点、交换机和目的节点建立 RL 通道，将数据包按照截止期排队	需要修改协议栈
时分复用	集中式调度：一个主节点	无须对交换机做任何软硬件修改	当连接到交换机的节点数量多时，从节点到主节点的通信可能成为网络瓶颈
	分布式调度：通过各个发送-接收节点对进行调度	解决了主节点易成为网络瓶颈的问题，其实现代价最小	需要获取所有链路的带宽使用状况，带宽使用率不高。主要针对周期性通信，不能灵活应对突发任务较多的情况和通信任务频繁变化的情况

1.4.3.2 实时性评价方法的研究

实时性评价方法包括解析方法（理论分析）、仿真方法和实验方法 3 种。解析分析指利用数学工具分析网络的端到端时延，网络演算等是分析网络时延上限的主要数学工具。仿真方法指利用 OPNET、NS2 和 Truetime 等网络仿真工具建立仿真环境，分析网络的实时性能，可以与解析方法得到的结果做比较，也可以为实验分析奠定基础。实验方法指搭建实验平台，实际测量传输时延，分析网络的实时性能，该方法成本较高，且在实验室环境下难以实现大规模网络的性能分析。

（1）实时性分析中解析方法的研究及问题

交换式工业以太网的通信实时性能评价理论主要集中在端到端时延的分析上。一种方法是基于由信息网络引入的网络演算理论，既可以分析周期数据时延，也可以分析非周期数据时延；另一种方法是基于排队论方法分析非周期数据的平均时延。具体研究如表 1-7 所示。

表 1-7 实时性分析中解析方法的研究

分析方法	适用	特点
网络演算	计算最大端到端时延。最初用在信息网络中,现在也有人用它来分析控制网络的时延	计算过程简单,适用范围大,但计算结果保守
排队论	分析非周期数据的平均时延(一般与响应时间递推法联合使用,先将数据分成周期数据队列和非周期数据队列,然后将两种算法联合使用)	需假定数据是泊松或伯努利分布,不能直接用于列车控制网络(多为周期性数据)分析

网络演算法主要计算在最坏情况下的端到端时延,计算结果较为保守,而实际上,网络只有在少数情况下才处于最坏状态,因此分析平均端到端时延将更有意义。传统排队论和响应时间递推法都能分析网络的平均端到端时延,但排队论只能分析非周期数据时延,响应时间递推法只能分析周期数据时延。本书改进传统排队论,同时分析列车周期数据和非周期数据的平均时延。

(2) 实时性仿真方法和实验方法的研究

网络实时性分析的仿真方法和实验方法研究已经取得一些成果,如表 1-8 所示。

表 1-8 实时性分析中的仿真方法和实验方法研究

分析方法	输入参数或实验条件	评价参数
仿真平台	不同数据帧长和发送频率下单级和两级交换式以太网的性能	端到端时延、有效带宽、抖动和丢包率
OPNET 仿真	网络低负载运行时,协议栈的处理性能对时延起决定性影响	端到端时延
	不同网络拓扑下(星型和线型),在网络设备中采用不同调度方法,如先到先服务(First Come First Served,FCFS)和按优先级排队(PQ)等	实时性能
实验方法	MAC 层 PAUSE 操作对服务时延的影响	具有矩阵结构的交换机的服务时延
	稳定状态下	单级交换机的最大端到端时延,并和共享式以太网的控制性能做了比较
	源节点没有流量控制机制	由于共享服务资源,交换式以太网的不同 VLAN 之间,甚至不同优先级数据流之间的互相影响

1.5 实时以太网的研究现状

1.5.1 实时以太网协议

以太网承载 TCN 的关键之处在于其传输的多业务数据能够满足 1.4 节所提出的网络特点和要求，尤其是控制数据的高实时性、高确定性和高可用性，它们是 TCN 多业务融合调度的基础，也是列车安全可靠运行的基础和保障。本节从实时以太网提高业务实时性、确定性方法的角度，阐述目前国内外基于以太网的工业控制网络领域的研究现状。

为了满足高实时性控制系统的需要，各大公司和标准组织在 IEEE 802.3 标准的基础上，提出了多种经过实时扩展的实时以太网（Real-Time Ethernet，RTE）协议。依据 IEC 61158 现场总线国际标准和 IEC 61784-2 实时以太网国际标准，结合实时以太网实时扩展的不同技术方案，实时以太网可分为几种类型，如图 1-2 所示。

一般工业以太网或交换式以太网的通信协议模型，通过在应用层的常规努力减少时延，其他各层均不做实时性改进，以保留最大的网络兼容性。Ethernet/IP 和 Modbus-IDA 则通过在传输层之上增加实时应用协议（如 CIP 协议）的方式，在应用层进行实时数据交换和运行实时应用。PROFINET V2 则通过软实时方案，为实时数据旁路 IP 层与运输层，以获得更快的通信能力。PROFINET V3、EPA 与 PowerLink 采用了更彻底的方法，改变了数据链路层逻辑，增加了调度接口，牺牲了通用性换取实时性。EtherCAT 与 SERCOS Ⅲ 则是采用了最激进的方法修改了数据链路层和物理层，一般只用于线性拓扑和运动控制场合下。

实时以太网的初衷是在增大可用带宽的基础上，增强网络兼容性，消除协议壁垒。然而随着诸多实时以太网协议的出现，控制网络又呈现出百家争鸣的局面。各以太网协议都在标准以太网的基础上进行了诸多独有的实时性改动，使相互之间无法兼容。即使是与标准以太网，往往也只能够兼容最低实时性的"最大努力交付数据"。例如，PROFINET、Ethernet CAT、SERCOS Ⅲ、EPA 都需要专有的网络芯片。一方面，这些专有芯片技术封闭，运用到我国的 TCN 中时，不利于我国的高速动车组技术获取完全自主知识产权，也不利于我国夺取国际标准的话语权；另一方面，大部分专有协议只在特定场合（如 EtherCAT 和 SERCOS Ⅲ 只用于运动控制领域，一般不支持标准以太网交换机）有所应用，难以与 TCN 国际标准 IEC 61375 协议簇相适配。目前的实时以太网协议中，只有 PROFINET 凭借其开发者西门子公司的轨道装备业务，在德国有所应用，其余均未见实际运营。

1.5.2 时间敏感网络

随着网络通信技术的发展，时间敏感网络（Time Sensitive Network，TSN）逐步成为当前研究的热点。该协议由以太网音视频桥接技术（Audio Video Bridging，AVB）网络演进而来，将应用范围从原先的音视频桥接网络扩展到工业自动化网络等高稳定要求的领域，在 IEEE 802.1 标准框架下，为以太网协议建立通用的时间敏感机制，以确保网络数据传输的时间确定性。

从协议标准上来说，TSN 是一个全新的概念，但从理论与技术角度，由于 TSN 充分借鉴了现有实时系统及 AVB 的技术原理，因此其标准与现有实时以太网的研究方向与成果并不冲突。例如，TSN 中的无缝冗余理念与 IEC 62439 中的无缝冗余方法基本相同，其基于门控制的同步调度算法与 IEC 61158、IEC 61784 中的实时现场总线及以太网协议、SAE AS6802 时间触发以太网协议的时间触发原理与实现方法一脉相承，其异步调度算法采用的严格优先级调度、帧抢占调度等也是当前各实时网络系统中广泛研究与应用的技术。

虽然目前在 TCN 领域尚未见 TSN 相关应用及案例，但随着研究的发展与深入，TSN 也是 TCN 未来发展方向的一种选择。本书将时间确定性以太网引入 TCN，并对 TCN 多业务融合调度及资源分配所进行的相关研究，与 TSN 的理论与技术基础基本相同，可以与未来 TSN 在 TCN 中的相关研究互为补充。

2

CHAPTER 2

基于交换式以太网的列车通信网络时延分析

本章首先根据一般列车网络控制系统的组成分析列车通信网络的拓扑设计需求，然后根据交换式以太网的时延构成特点和 IEC 61375 标准的规定给出本书进行实时性分析所采用的列车通信网络拓扑，在此基础上分析该拓扑的及时可靠性，最后分析在该拓扑结构下数据帧的最大端到端时延是否满足实时性约束条件。

2.1 概述

一般的网络拓扑设计和优化思路是：首先根据应用场合和相关理论直接建立拓扑模型，或采用图论来对网络建模；然后采用各种搜索算法对拓扑结构进行优化。其中，采用图论对网络进行建模的方法，一般从数学的角度，通过图的顶点的度数、边的权值和图的连通性来判定结果是否最优，所选择的优化准则多是链路造价、传输距离、通信代价和网络直径等，大多没有直接的应用对象，且一般没有直接研究和考虑网络的实时性，在研究控制网络的实时性方面存在局限性。

目前，工业现场的很多设备是具有计算和通信功能的智能设备，用于采集更多的现场信息，实现复杂的控制任务，提高控制系统性能，但同时也增加了工业控制网络的复杂度。有学者专门为复杂的工业控制网络的拓扑设计研究了一套辅助设计工具和方法，只要输入基本的参数就可以输出具有 QoS 保障的拓扑结构，可以减少控制工程师手动设计网络的工作量。然而，这是基于工业控制网络的拓扑结构相对列车通信网络复杂多变的情况考虑的。

除同样要求具有很高的实时性之外，相对于普通工业控制网络，列车通信网络的拓扑设计有很多特殊性：设备布局相对受限，设备间的通信关系较为明确，网络规模较小，且规模相对固定，部分电子控制单元的连接相对固定。例如，中央控制单元一般连接在司机室的交换机上，但是又需要与位于其他车辆的电子控制单元进行通信，这就需要考虑某些电子控制单元与中央控制单元要经过多级交换机进行通信，此时就必须考察经过多级交换机后的传输时延能否满足实时性要求。

本章根据列车应用的特殊情况，结合目前成熟的列车通信网络拓扑设计经验以及 IEC 61375 标准的规定建立网络拓扑，重在设计一种具有较高实时性，交换机间的连接方式相对固定的交换式以太网列车通信网络架构，同时考虑网络的可靠性问题，保证行车安全。而第 3 章则将重点优化设备到交换机的分配问题，交换机的连接方式结合设备到交换机的分配就基本决定了交换式以太网的整体拓扑结构。

2.2 列车通信网络拓扑设计需求

目前国内外铁道机车车辆生产企业使用的列车通信网络有多种，主要包括符合 IEC 61375 标准的列车通信网络（WTB+MVB）、符合 IEEE 1473 标准的列车通信网络（WTB+MVB 网络和 LonWorks 网络）、应用于 TGV 高速列车 AR-GAT 控制网络的 WorldFIP 网络以及应用于日本新干线高速列车的 ARCNET 网络等。

多种列车通信网络的实现各有不同，但面向的应用需求基本一致，包括网络上挂载的设备类型和数量，以及网络传输的实时性要求。我国目前采用最多的是 IEC 61375 标准规定的 WTB+MVB 网络，因此本书以该标准规定的应用和实时性需求为主要依据设计基于交换式以太网的列车通信网络。本节首先分析基于 WTB+MVB 网络的列车网络控制系统的组成，然后总结出列车通信网络的拓扑设计需求，在此基础上给出本书进行实时性分析的列车通信网络拓扑结构。

2.2.1 一般列车网络控制系统的组成

讨论列车通信网络的拓扑设计要结合网络控制系统的应用展开，列车网络控制系统在大多数列车上被称为列车控制和管理系统（Train Control and Management System，TCMS）。我国 CRH1、CRH3、CRH5 型动车组以及北京地铁 15 号线等轨道交通车辆的 TCMS 系统均采用 WTB+MVB 网络作为列车通信网络，其中，列车级总线 WTB 实现列车级运行控制功能，车辆级总线 MVB 实现车辆级总线控制。本节以 CRH5 型动车组的 TCMS 系统为例来说明列车通信网络的拓扑设计需求。

CRH5 型动车组的列车通信网络如图 2-1 所示，该网络由列车级总线 WTB 与车辆级总线 MVB 组成，两层总线均使用冗余介质，它们之间通过位于列车两端司机室的网关 GW 实现协议转换，两个司机室还分别挂接担任列车整体控制功能的主处理单元（Main Processing Unit，MPU），部分车型将该设备称为中央控制单元（Central Control Unit，CCU）。

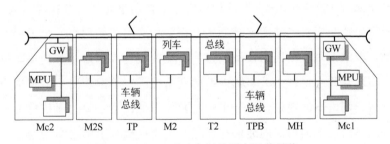

图 2-1 CRH5 型动车组的列车通信网络

注：GW（Gateway，网关）

CRH5 型动车组整体划分为两个动力单元：动力单元 1，由 MC1、MH、TPB、T2 四节车厢组成；动力单元 2，由 MC2、M2S、TP、M2 四节车厢组成。各动力单元中分别由一条贯穿四节车厢的 MVB 总线连接各网络节点，每一动力单元有两对 MPU，其中的两个 MPU-LT（MPU 牵引线）互为冗余，控制牵引、制动等信号总线上的所有设备，而另外两个 MPU-LC（MPU 旅客服务线）也互为冗余，控制空调、车门、厕所等旅客服务。MPU 的主要功能包括过程数据收发、逻辑判断与处理及故障诊断。MPU 功能任务周期不超过

100ms（目标值为 50ms）。

2.2.2 列车通信网络拓扑设计需求总结

根据 2.2.1 小节的内容再结合其他列车的资料可知，列车通信网络主要由列车级和车辆级两层网络组成，需要连接的网络控制设备主要有：主处理单元 MPU/CCU、牵引控制单元 TCU、制动控制单元 BCU、辅助控制单元 ACU、空调控制单元 HVAC、门控单元 DCU、乘客信息系统 PIS 等，这些单元统称为电子控制单元（Electrical Control Unit，ECU）。在 ECU 之下再连接各种智能变送器和执行器，可以说这是第三层网络，一般由各个电子控制单元厂商自行设计网络。

MPU/CCU 一般安装在两个机车内，是一个列车单元甚至是整列车的主控设备，与本列车单元里的电子控制单元和另一列车单元的 MPU/CCU 进行数据交互。在基于交换式以太网的列车通信网络中，与 MPU/CCU 距离近的电子控制单元经过较少的交换机就可以连接到 MPU/CCU，时延相对较小；反之，需要经过较多交换机才能与 MPU/CCU 通信的电子控制单元就会有相对较大的时延。

一般将一个交换机和其所连接的所有设备构成的单元称为一个子网。考虑到布线方便，本章将每节车辆的设备通过一个交换机连接起来，车辆与车辆之间通过交换机实现互联。这样每节车辆内部的网络是一个子网，同一节车辆设备之间的通信称为子网内部的通信，本节车辆与其他车辆设备之间的通信称为子网间的通信，也就是说，子网内部的通信只通过一个交换机，子网之间的通信至少通过两个交换机。这样的设计，可以保证将通信频繁的设备分配到同一个子网内，减少信息传输需要经过的交换机个数；也可以实现子网与子网之间的网段隔离，减小冲突域，保证每个子网能享受独立的带宽；同时也适应列车设备和线路布置的实际情况。

列车通信网络的拓扑设计除了要满足列车应用的设备挂接需求，还要具有高可靠性和实时性：

（1）可靠性要求

为了提高列车网络控制系统的可靠性，包括 CRH5 型车在内的各车型的网络控制系统都进行了列车通信网络和关键设备的冗余设计。例如，CRH5 型车的

WTB 和 MVB 都采用冗余介质，关键设备中的 WG 和 MPU 都进行冗余设置。本章设计了环形冗余以太网的拓扑结构，同时运用理论分析和仿真研究的方式分析了网络的可靠性。

（2）实时性要求

本书分别采用网络演算法和改进的排队论分析网络的最大端到端时延和平均端到端时延，并考察在高标准时延约束条件和低标准时延约束条件下实时性改进方法的有效性。

2.3 列车通信网络拓扑设计

网络的物理拓扑设计影响可靠性，物理拓扑和逻辑拓扑设计都会影响实时性。本节首先分析交换式以太网的时延构成，然后根据实时性要求和 IEC 61375 标准的规定给出列车通信网络拓扑设计方案。

2.3.1 以太网交换机的结构和工作原理

最初的交换机称为二层交换机，工作在数据链路层，是为了替代集线器而产生的，现在很多交换机已结合了二层交换机和三层路由器的功能，称为三层交换机。交换机本质上是一个带有处理器和存储器的多端口网桥，交换机一般结构如图 2-2 所示。

其工作原理为：每一个交换机端口用于连接传输媒体（全双工方式下有输入媒体和输出媒体两条），传输媒体可以是非屏蔽双绞线和光纤。存储转发方式下，由输入端口完成帧定界（即从通过传输媒体接收到的电信号或光信号序列中分解出每一帧 MAC 帧）和对 MAC 帧的检错（丢弃传输出错的 MAC 帧），将没有出错的 MAC 帧存储到输入队列，根据 MAC 帧的目的 MAC 地址和转发表确定输出端口，通过交换结构将 MAC 帧从输入端口的输入队列交换到输出端口的输出队列，如果输出端口空闲，立即将 MAC 帧从输出端口发送出去，如果输出端口正在发送其他 MAC 帧，该 MAC 帧将在输出端口的输出队列中排队等候；直通转发方式下，输入端口接收完 6Byte 目的 MAC 地址，就开始根据 MAC 帧的目

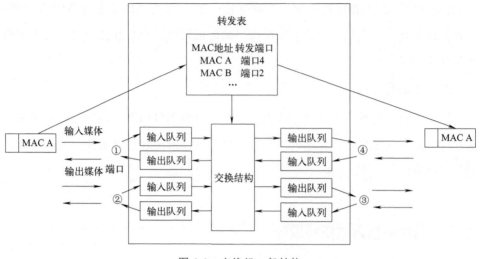

图 2-2 交换机一般结构

的 MAC 地址和转发表确定输出端口。

以太网交换机有 3 个主要功能：

① 学习。以太网交换机记录各端口和所连接设备 MAC 地址的映射关系，将其存放在交换机缓存中的 MAC 地址表中。

② 转发/过滤。当一个数据帧的目的地址在 MAC 地址表中有映射时，它被转发到连接目的节点的端口而不是所有端口，如该数据帧为广播/组播帧则转发至所有端口。

③ 消除回路。以太网交换机通过生成树协议避免通信回路的产生。

2.3.2 交换式以太网中数据帧的端到端时延构成

根据以太网交换机的结构和工作原理可知，数据在交换机中的传输由两个过程组成：首先是数据进入输入端口的输入队列，经查询转发表被转发至输出端口的输出队列，这个过程中还包括交换结构的建立；然后根据输出队列的空闲情况排队发送信息。这就决定了数据在交换机中的时延由两部分组成：基本时延 T_{switch}^{basic} 和排队时延 T_{switch}^{queue}。其中，基本时延主要是第一个过程对应的时间，对于支持优先级的交换机，还包括按照 IEEE 802.1P 对流量进行分类的时间，基本时延是个相对固定值，依赖于交换机的交换性能和交换机的生产厂家。例如，Cisco Catalyst1900 的 10Mbps 交换机中，基本时延为 $70\mu s$。排队时延是数据帧在输出队列缓冲区中排队等待时产生的时延。排队时延和流量的输入类型及交换机缓冲区的调度策略有直接关系。针对不同的流量类型，一般交换机会采用不同的调度策略，而不同的调度策略直接影响数据帧的排队时延。

交换式以太网中数据帧的端到端时延是指数据从源节点（发送节点）开始发送到宿节点（接收节点）接收到的时间差 T_{delay}，即除了有交换机中的时延，还包括在源宿节点以及链路上的时延，具体构成如图 2-3 所示。

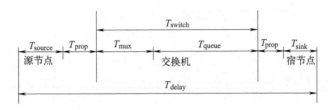

图 2-3　数据帧在交换式以太网中传输的端到端时延分量图

每部分时延具体包括：

① 源节点时延 T_{source}。包括源节点协议栈处理时间 $T_{\text{source}}^{\text{proc}}$；发送繁忙时在 MAC 层缓冲区排队等待时间 $T_{\text{source}}^{\text{wait}}$；帧发送时间 $T_{\text{source}}^{\text{send}}$，与帧长度有关，定义为帧长和数据传输速率之比。

② 交换机节点时延 T_{switch}。包括基本时延 $T_{\text{switch}}^{\text{basic}}$ 和排队时延 $T_{\text{switch}}^{\text{queue}}$，本书将排队时延分为等待时延 $T_{\text{switch}}^{\text{wait}}$ 和转发时延 $T_{\text{switch}}^{\text{send}}$，转发时延是帧长和数据传输速率之比。

③ 宿节点时延 T_{sink}。包括帧接收时间 $T_{\text{sink}}^{\text{reci}}$，定义为帧长和数据传输速率之比；宿节点协议栈处理时间 $T_{\text{sink}}^{\text{proc}}$。

④ 链路传播时延 T_{prop}。取决于通信节点间的电缆长度和信号的传播速度。

据此，数据帧的端到端时延可以表示为

$$\begin{aligned} T_{\text{delay}} &= T_{\text{source}} + T_{\text{switch}} + T_{\text{sink}} + T_{\text{prop}} \\ &= (T_{\text{source}}^{\text{proc}} + T_{\text{source}}^{\text{wait}} + T_{\text{source}}^{\text{send}}) + (T_{\text{switch}}^{\text{basic}} + T_{\text{switch}}^{\text{wait}} + T_{\text{switch}}^{\text{send}}) + \\ &\quad (T_{\text{sink}}^{\text{reci}} + T_{\text{sink}}^{\text{proc}}) + T_{\text{prop}} \end{aligned} \tag{2-1}$$

可见，数据帧的端到端时延由常量和变量两部分组成，且在交换机中的时延分量占据较大比例。所谓常量，是指取决于网络拓扑、数据帧大小和设备性能的时延部分,而变量是指与网络的通信繁忙情况相关的时延部分,包括数据帧在源节点的和交换机节点的排队时延。常量的可设计部分主要是网络拓扑,通过设计合理的交换机连接方式以及终端设备到交换机的分配方式,保证数据帧在传输过程中经过最少的交换机,可有效降低数据帧的端到端时延,本书 2.3.3 小节根据列车应用的特定需要给出了基于交换式以太网的列车通信网络的拓扑结构,第 3 章阐述了终端设备到交换机的分配问题。本书第 4 章针对时延变量进行设计优化。

2.3.3 基于交换式以太网的列车通信网络拓扑设计

按照 IEC 61375-2-5 和 IEC 61375-3-4 的规定,基于以太网的列车通信网络由列车级骨干网 ETB 和车辆级编组网 ECN 两层网络构成,如图 2-4 所示。

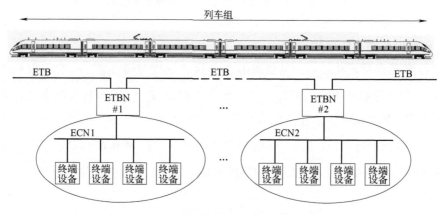

图 2-4 列车通信网络的分层拓扑结构

骨干网通过以太网骨干网节点(Ethernet Train Backbone Node,ETBN)将各个编组网按照线型拓扑连接起来进行列车级通信,主要实现列车初运行功能。初运行的目标包括两个:一是将 ETBN 节点和 ECN 网络进行编号;二是给网络中的各个设备(包括 ETBN 节点和终端设备)分配 IP 地址。其中,ETBN 节点的 IP 地址分为骨干网侧 IP 地址和编组网侧 IP 地址。ETBN 一般选用三层网管型交换机,在初运行阶段担当服务器功能,内置 DHCP 服务器和 DNS 服务器等,可以实现 IP 地址分配功能。图 2-4 中的终端设备直接连接到 ETBN 节点进行通信，也可以通过编组网的组交换机（Consist Switch，CS）连接到 ETBN 节点，如图 2-5 所示。

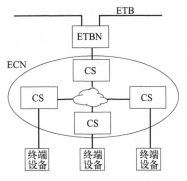

一个 ECN 网络可以只连接一节车辆的设备，也可以跨车辆通信，通过 CS 连接车辆内的终端设备，CS 之间的连接可以有环形、线型等方式，CS 之间的端口定义可以根据列车应用的特定需求进行定制，不一定遵循 IEEE 802.3 标准，而 CS 和终端设备之间的端口以

图 2-5 ECN 的逻辑构成

及 CS 和 ETBN 之间的端口遵循 IEEE 802.3 标准。一个物理意义的终端设备可以连接到不同的 ECN 网络，视作多个逻辑终端，例如某个终端设备可以连接到一个 ECN 进行列车监控服务，也可以连接到另一个 ECN 进行多媒体服务。

基于以太网的列车通信网络中，重联编组时以组（Consist）为单位增减列车车辆，一个组在物理上可由单节或多节车辆构成，一个组内必须至少有一个 ETBN，还可以有冗余的 ETBN。如图 2-6 所示，列车由两个可解锁重联的组 Consist1 和 Consist2 组成，Consist1 中有两个互为冗余的骨干网节点 ETBN1 和 ETBN2，而 Consist2 有一个骨干网节点 ETBN3。ETBN 是实现初运行功能的核心网络设备，在初运行结束后，其主要作为交换机实现编组网的列车级通信，进行网络的实时性分析时将其视作普通交换机。

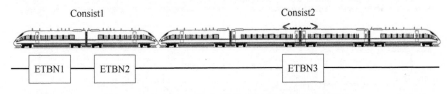

图 2-6 由多个组构成的列车级网络拓扑示意图

对于没有 ETBN 冗余的由多个组构成的列车拓扑可以设计为如图 2-7 所示的形式，每节车辆设计一个组交换机 CS，由其将车辆里的终端设备 ED 连接到 ETBN，其中 ECN2 中的 CS 设计为环形冗余结构，保障网络的可靠性，CS 可连接本节车辆的多个终端设备 ED。

本书对基于交换式以太网的列车通信网络的实时性研究以图 2-8 所示的网络

拓扑为基础，图中所示的是一个八编组列车示意图。鉴于目前 CRH5 等列车的通信网络大多分为两个动力单元，图 2-8 设计了两个组，对应两个动力单元，两个组之间可以解锁重联，车辆 1～车辆 4 属于组 1，车辆 5～车辆 8 属于组 2，两个组之间通过 ETBN1 和 ETBN2 连接，在进行实时性分析时，ETBN 节点视作普通交换机。

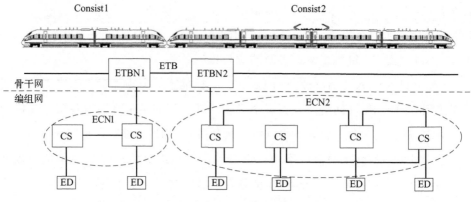

图 2-7　由多个组构成的列车两层网络拓扑示意图

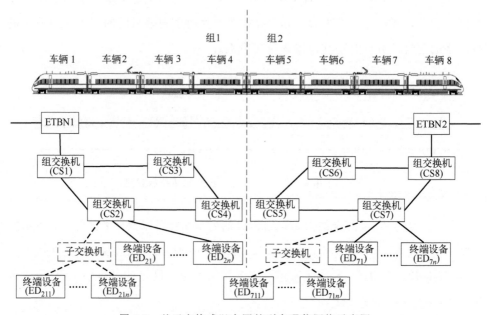

图 2-8　基于交换式以太网的列车通信网络示意图

考虑拓扑设计的可靠性，车辆 1～车辆 4 以及车辆 5～车辆 8 通过组交换机 CS 连接成环形冗余结构，车辆级网络由各个车辆的组交换机 CS 连接终端设备构成，终端设备包括列车中央控制单元、制动控制单元、牵引控制单元等电子控制单元，图 2-8 中只给出了连接到 CS2 和 CS7 的终端设备示意。组交换机 CS 可以直接连接各终端设备，也可以根据需要通过子交换机连接终端设备。

2.4 列车通信网络及时可靠性分析

本节重点分析基于环形拓扑设计的交换式以太网列车通信网络（Virtual Link Switched Ethernet Based Train Communication Network，VLSTCN）的及时可靠性，包括实时性和可靠性两个性能的分析。

考虑网络拓扑的可靠性，列车通信网络中的组可以设计为环形冗余结构，本节以图 2-9 所示的网络为例，定量分析由一个组构成的列车通信网络的及时可靠性，也可以为图 2-8 所示的由多个组构成的列车网络的及时可靠性分析提供方法。

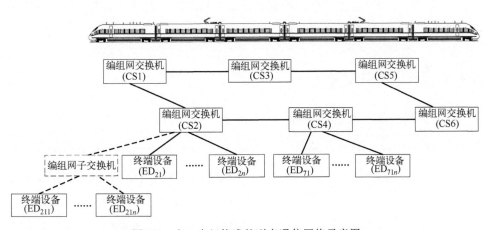

图 2-9 由一个组构成的列车通信网络示意图

目前，对网络的可靠性研究主要包括连通可靠性、容量可靠性和性能可靠性 3 个方面，近几年有学者开始关注业务可靠性。其中，性能可靠性是指"在规定条件和规定时间下，网络能够按照规定的性能特性正确、实时传输信息的能力"，用于表征在信息传输过程中拥塞、干扰等对网络服务的影响,多以"某些性能参数如时延、吞吐量和丢包率等不超过规定阈值的概率"作为可靠性的度量。

关于以太网列车通信网络的可靠性研究还没有明确规范,本节参照航空电子交换式以太网的可靠性分析开展研究,面向完整性要求的航空电子交换式以太网的可靠性评价参数包括数据完整可靠性、及时可靠性、次序可靠性和正确可靠性。

本书通过设计环形车辆总线和双线列车总线提高列车通信网络的连通可靠性,在此基础上,重点讨论的是网络的及时可靠性。

本书所述的及时可靠性,是指数据在规定条件和规定时间通过基于交换式以太网列车通信网络(VLSTCN)后及时被接收端接收的能力,及时可靠性也可以在一定程度上反映网络的连通可靠性。及时可靠性的度量参数为及时可靠度 R_T,R_T 指在规定条件和规定时间任务数据被接收端接收,且其端到端时延小于任务的截止期的概率。在本章设计的交换式以太网方案中,通过流量整形可以保证以太网数据传输的确定性,通过交换机两级调度算法可以进一步保证数据传输的实时性,综合这两种技术,可以提高任务数据传输时延小于任务截止期的概率,即可提高网络的及时可靠度。

在实际仿真和测量中,可以根据具体需求确定相应的时延范围,结合一定的可靠性算法得出相应的及时可靠度。

2.4.1 及时可靠性模型

所有的网络都可以抽象为由一组节点集 $V=\{V_1,V_2,\cdots,V_n\}$ 与一组链路集 $E=\{E_1,E_2,\cdots,E_n\}$ 构成的概率图 $G(V,E)$,图 2-9 所示的列车通信网络可以表示为图 2-10 所示的概率图,节点 $V_1 \sim V_6$ 代表图 2-9 中的组交换机 CS,V_0 和 V_7 代表车头和车尾的中央控制单元,进行可靠性分析时将 V_0 作为源节点等效,将 V_7 作为目的节点等效,分析两个中央控制单元进行数据传输时的网络可靠性。

用 4 元组定义列车通信网络中的任务

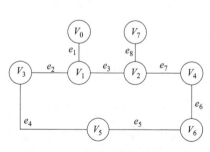

图 2-10 列车通信网络的概率图

$T[S,G,P,D]$，其中，S 表示任务的源节点，G 代表任务的目的节点，P 表示任务的周期，D 代表任务的截止期。为了简便，以节点或链路的符号表示该单元的时延变量，如节点 V_0 的时延量是 V_0。

通过确定性网络演算理论可知，数据帧的端到端时延上限是传输路径上各网络单元时延上限之和。假设任务 $T[S,G,P,D]$ 从源节点到目的节点的最小路集为 $\{R_k|1\leqslant k\leqslant m\}$，其中，路径 R_k 上的节点集和链路集分别以 $\{N_{k,i}|1\leqslant i\leqslant n_k\}$ 和 $\{L_{k,j}|1\leqslant j\leqslant l_k\}$ 表示，则任务 T 在路径 R_k 上的时延为

$$D_k = \sum_{i=1}^{n_k} N_{k,i} + \sum_{j=1}^{l_k} L_{k,j} \tag{2-2}$$

那么图 2-10 中从节点 V_0 到 V_7 的通信任务 T，在其路径 $V_0 \rightarrow e_1 \rightarrow V_1 \rightarrow e_3 \rightarrow V_2 \rightarrow e_8 \rightarrow V_7$ 上的时延为 $D_7 = V_0 + e_1 + V_1 + e_3 + V_2 + e_8 + V_7$。

对通信任务 T，定义任务路径时延 D_k 的权函数为

$$F(D_k) = \begin{cases} 1, D_k \leqslant D \\ 0, D_k > D \end{cases} \tag{2-3}$$

通信任务在列车通信网络中的成功传输要求至少有一条路径能在满足任务截止期要求的条件下得到传输，也要考虑链路的连通可靠性。则面向任务的列车通信网络的及时可靠度可表示为

$$R_T = \mathrm{Rel}(G) = \sum_{k=1}^{m} \left[F(D_k) \times \prod_{j=1}^{l_k} P_r(L_{k,j}) \right] \tag{2-4}$$

式中，$\prod_{j=1}^{l_k} P_r(L_{k,j})$ 表示链路正常工作的概率。

式(2-4)表示网络在连通性基础上的及时可靠度。

2.4.2 基于二元决策图的及时可靠性

(1) 二元决策图（Binary Decision Diagram，BDD）

BDD 是一种对布尔函数进行表示和操作的高效方法，是基于香农展开得到的有向无环图，通过香农展开规则任何一个布尔函数 f 都可以用一个 BDD 来表示，而可靠性分析中的函数多为布尔函数，BDD 是一种进行可靠性分析的基本方法。香农展开如下：

$$f = x f_{x=1} + \overline{x} f_{x=0} \tag{2-5}$$

图 2-11 所示为布尔函数 $f=x_1+x_2x_3$ 的 BDD 表示及其构造过程。中间节点有两条指向底层节点的有向边：实线边指向该节点取 1 时的底层结构，即右子节点；虚线边指向该节点取 0 时的底层结构，即左子节点。

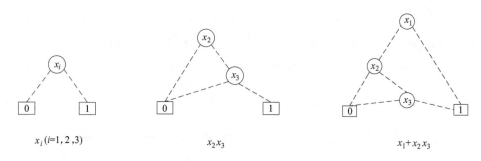

图 2-11 布尔函数的 BDD 表示及构造

网络可靠度计算主要分两步：第一步是构造网络的 BDD 结构；第二步是求解所得 BDD 结构中的可靠度。

(2) 采用边扩张的 BDD 构造方法求解可靠度

本书采用边扩张（Edge Expansion，EE）的二元决策图法构造 BDD 结构。评价网络的及时可靠度，主要分两步：第一步采用边扩张分解，递归构造网络的 BDD 结构；第二步利用构造的 BDD 结构求解及时可靠度。

有学者提出边扩张图（Edge Expansion Diagram，EED）方法，通过逐层分解递归构造网络的 BDD 结构。对网络 G 中源节点的每条邻边 $e_i(1 < i < k)$ 分别执行扩张操作，将网络 G 分解成 k 个子网络 $G_i(1 < i < k)$，删除源节点所有邻边，把源节点并入与 e_i 对应的邻节点，并标识为新源节点，所得即新网络 G_i。

采用 EED 方法执行边扩张操作分解网络图 G（图 2-10）的过程如图 2-12 所示（源节点是 V_0，目的节点是 V_7）。最后创建的网络图 G 的 BDD 结构如图 2-13 所示。

利用上述构造的网络 BDD 结构递归求解及时可靠度如下：

$$R_T = \text{Rel}(G) = \text{Rel}(\text{BDD}(G)) = \begin{cases} 0, \text{任务时延超过截止期} \\ \Pr(x=1)\text{Rel}(\text{BDD}(G)|_{x=1}) + \Pr(x=0)\text{Rel}(\text{BDD}(G)|_{x=0}), \text{任务时延未超过截止期} \end{cases}$$

(2-6)

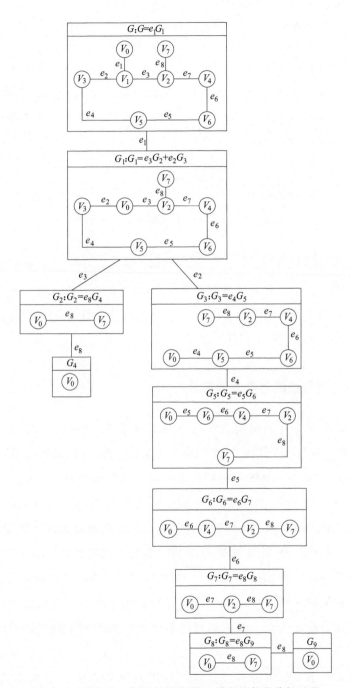

图 2-12 对图 2-10 所示的网络图 G 进行边扩张分解过程

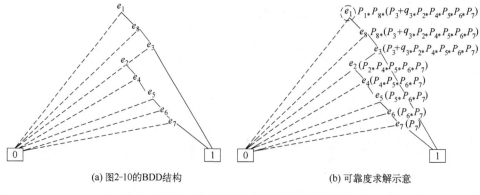

(a) 图2-10的BDD结构　　　　(b) 可靠度求解示意

图 2-13　图 2-10 的 BDD 结构及可靠度求解示意

式中，$BDD(G)$ 表示网络 G 的 BDD 结构；$BDD(G)|_{x=1}$ 表示 x 节点的右子节点；$BDD(G)|_{x=0}$ 表示 x 节点的左子节点；$\Pr(x=1)$ 是 x 链路本身的正常工作概率（图 2-13(b) 中的 P_x）；$\Pr(x=0)$ 是 x 链路本身的失效概率（图 2-13(b) 中的 q_x），求解示意如图 2-13(b) 所示。

2.4.3　及时可靠性的仿真测试与分析

为了验证由一个环形组构成的列车通信网络的及时可靠性，采用 OPNET Modeler 仿真平台搭建了如图 2-14 所示的列车通信网络仿真模型。图 2-14(a) 是以 CRH5 型动车组的 TCMS 系统的设备种类和通信量为原型建立的网络层仿真模型，采用以太网＋TCP/IP 通信协议，图中共包含 MC1、TPB、MH、T2、M2、M2S、TP、MC2 八个车辆子网，各个车辆子网通过内部的组交换机 CS 构成环网；图 2-14(b) 是 MC1 车辆子网的内部网络层模型，包括组交换机 CS 以及按照星型拓扑挂接的 MPU、TCU、BCU 和 ACU 等电子控制单元。本仿真模型中的组交换机跨车辆连接，分析结果直接适用于由一个组构成的列车通信网络，而建模和分析方法也可以扩展到由多个组构成的列车网络的及时可靠性分析中。

采用 2.4.2 小节所示的方法计算网络的及时可靠度，将 MC1 车辆子网的 MPU 节点等效为可靠性分析的源节点，将 T2 车辆子网的 DOOR 门控节点等效为可靠性分析的目的节点。

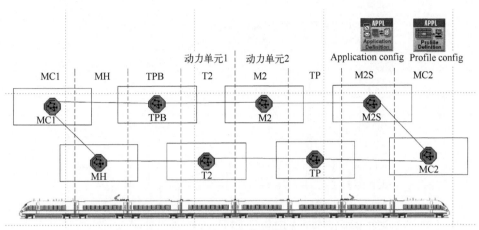

(a) 八编组整车模型

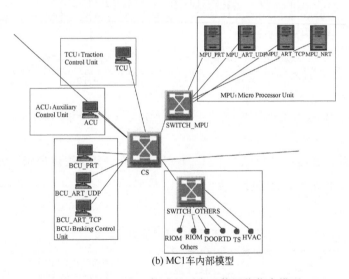

(b) MC1车内部模型

图 2-14 由一个组构成的列车通信网络仿真模型

在 OPNET 仿真中实现两个场景，模拟两种网络：一种是链路 MC1→MH→T2"正常"状态的网络 1；另一种是链路 MC1→MH→T2"故障"状态的网络 2。两种场景里从源节点到目的节点的端到端时延如图 2-15 所示。

当网络中的交换机采用本书后续提出的两级调度算法时，链路正常情况下的端到端时延上限是 0.04ms，而链路故障状态下的端到端时延上限是 0.25ms，因此可以设置任务的截止期为 0.25ms，在此条件下考察链路 MC1→MH→T2"正常"概率分别为 99% 和 90%，而其他链路"正常"工作概率都为 98% 的情况下

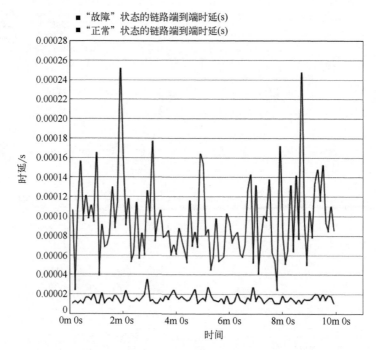

图 2-15 在链路"正常"(下)和"故障"(上)状态下的时延

的网络可靠性,此时时延权函数 $F(D_k)=1$。采用本书所述边扩张二元决策图算法得到如表 2-1 所示的及时可靠度。

表 2-1 不同网络环境下的可靠度

仿真网络	源节点	目的节点	链路 MC1→MH→T2"正常"概率	及时可靠度
网络 1	MC1 车的 MPU	T2 车的 DOOR 门控单元	99%	0.95983521
网络 2	MC1 车的 MPU	T2 车的 DOOR 门控单元	90%	0.9547521

考察网络中的交换机采用先到达先服务算法进行数据传输时,链路 MC1→MH→T2"故障"时的端到端时延范围是 1.1~1.2ms,如图 2-16 所示。在这种情况下,如果设置任务的截止期小于 1.1ms,则网络的及时可靠度将为 0。可见,采用本书提出的交换机两级调度算法可以显著降低任务截止期,对于任务截止期在 0.25~1.1ms 的任务,可以保证其及时可靠度从 0 提高到 0.9547521。

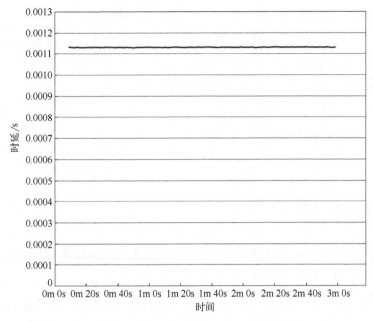

图 2-16 采用传统以太网时在链路"正常"状态下的端到端时延

此外，根据以上实验结果还可以得出结论：

① 在链路 MC1→MH→T2 的正常工作概率分别为 99% 和 90% 的情况下，通过网络的冗余机制，仍然能够保证网络的及时可靠度分别达到 0.95983521 和 0.9547521，这说明本书设计的列车通信网络的及时可靠度较高。

② 本书设计的列车通信网络中，MC1 车的 MPU 和 T2 车的 DOOR 门控单元之间数据的端到端时延是 0.25ms，目前 MVB 网络的最小特征周期是 1ms，说明该网段中任务数据的实时性满足基本要求，下一节分析整个列车网段的实时性。

2.5 列车通信网络的最大端到端时延分析

在分析了网络及时可靠性的基础上，本节重点讨论数据帧的最大端到端时延，分析本章给出的网络拓扑结构能否满足列车通信网络的实时性需求。

网络实时性能的分析方法可分为三种：解析分析、仿真分析和实验分析。其中实验分析指搭建实验平台,实际测量传输时延,从而分析网络的实时性能。该方法成本较高,且在实验室环境下难以实现大规模网络的性能分析。解析分析指利用数学工具分析网络的端到端时延。网络演算是分析网络时延上限的主要数学工具,本节通过网络演算计算时延上限,采用1.3.2节提出的低标准时延约束条件考察实时性,并总结为满足高标准时延约束条件而进行实时性改进的思路。仿真分析指利用网络仿真工具建立仿真环境,分析网络的实时性能,本节通过OPNET建立列车通信网络的仿真模型,得到不同情况下的端到端时延,与解析方法得到的结果做比较。

2.5.1 网络演算理论

采用网络演算理论可以计算源节点发送的数据在经过计算机网络到达目的节点后的时延上限和数据积压等性能参数。

目前通行的网络演算理论体系最初由 Cruz 提出,经许多研究者发展完善,通过使用到达曲线和服务曲线两个基本工具分析网络在最坏情况下的实时性能。

网络演算的基本参数如图 2-17 所示,当一个数据流经过某个服务器时,到达曲线 $\alpha(t)$ 反映了数据流到达服务器的累积流量上限,服务曲线 $\beta(t)$ 反映了服务器累积转发流量的下限,$\alpha(t)$ 与 $\beta(t)$ 的垂直距离为数据流在服务器的积压队列 $V(t)$,相应的时延为 $\alpha(t)$ 与 $\beta(t)$ 的水平距离 $D(t)$。

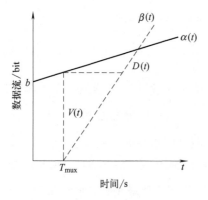

图 2-17 网络演算的基本参数

定义 2.1 到达曲线 $\alpha(t)$:令 $R(t)$ 是某数据流随时间增加的累积量,被定义为输入流速度 $r(t)$ 在时间上的积分,即 $R(t)=\int_0^t r(s)\mathrm{d}s$,通常规定 $R(0)=0$,$\alpha(t)$ 是一个在 $t<0$ 处为 0 的广义增函数,如果对所有 $s\leqslant t$ 都满足

$$R(t)-R(s)\leqslant\alpha(t-s) \tag{2-7}$$

则称数据流 $R(t)$ 是被 $\alpha(t)$ 限制的,$\alpha(t)$ 被称为 $R(t)$ 的到达曲线。

定义 2.2 服务曲线 $\beta(t)$:设某个输入函数为 $R(t)$ 的数据流通过服务器后

的输出函数为 $R'(t)$，$\beta(t)$ 是一个 $t<0$ 的广义增函数且 $\beta(0)=0$，称服务器为这个数据流提供服务曲线 $\beta(t)$，当且仅当以下条件成立：

$$R'(t) \geqslant R(t) \otimes \beta(t) = \inf_{0 \leqslant t \leqslant s}\{R(s)+\beta(t-s)\} \tag{2-8}$$

定理 2.1 积压队列上限：当某个输入函数为 $R(t)$ 的数据流被限制于到达曲线 $\alpha(t)$，服务器的服务曲线为 $\beta(t)$，则数据流在服务器内的积压存在上限：

$$V(t) = R(t) - R'(t) = \sup_{s \geqslant 0}\{\alpha(s)-\beta(s)\} \tag{2-9}$$

定理 2.2 时延上限：当某个输入函数为 $R(t)$ 的数据流被限制于到达曲线 $\alpha(t)$，服务器的服务曲线为 $\beta(t)$，则数据流在服务器内的时延存在上限：

$$D(t) \leqslant H(\alpha,\beta) = \sup_{u \geqslant 0}\{\inf\{T:\alpha(u) \leqslant \beta(u+T), T \geqslant 0\}\} \tag{2-10}$$

2.5.2 FCFS 调度方式下的数据帧端到端时延

以太网交换机的存储转发队列中采用的传统调度方式是先到达先服务（First Come First Service，FCFS），可以改进为非抢占优先级调度（Non-preemptive Priority Queuing，NPQ）或加权优先级调度（Weight Priority Queuing，WPQ），本书第 4 章将会阐述对这一机制的改进问题，本节重点分析在传统 FCFS 调度方式下数据帧的端到端时延，说明即使在传统交换机调度方式下，本书设计的列车通信网络也能满足低标准时延约束条件。

假设到达交换机输出端口输出队列的数据流集合为 φ。数据流 i 的到达曲线 $\alpha_i(t)$ 可以用漏桶模型 (r_i,b_i) 表述，其中 r_i 表示平均流速，b_i 表示流 i 中的最大帧长度。数据流 i 的到达曲线 $\alpha_i(t)$ 为

$$\alpha_i(t) = r_i t + b_i, i \in \{1,2,\cdots,|\varphi|\} \tag{2-11}$$

交换机线速度会限制数据流 i 流入交换机输出队列的到达曲线。假设 $C_{\max}$ 是交换机的最大线速度，则数据流 i 流入交换机输出队列的到达曲线 $\alpha_i(t)$ 为

$$\alpha_i(t) = \min(C_{\max}t, r_i t + b_i), i \in \{1,2,\cdots,|\varphi|\} \tag{2-12}$$

假设流入同一交换机输出队列的 $|\varphi|$ 个数据流符合

$$b_1/(C_{\max}-r_1) < b_2/(C_{\max}-r_2) < \cdots < b_{|\varphi|}/(C_{\max}-r_{|\varphi|}) \tag{2-13}$$

则该交换机输出端口的到达曲线为

$$\alpha(t) = \begin{cases} 0, & t = 0 \\ |\varphi|C_{\max}t, & 0 \leqslant t \leqslant b_1/(C_{\max}-r_1) \\ \cdots, & \cdots \\ (C_{\max} + \sum_{i=1}^{|\varphi|-1} r_i)t + \sum_{i=1}^{|\varphi|-1} b_i, & b_{|\varphi|-1}/(C_{\max}-r_{|\varphi|-1}) < t \leqslant \\ & b_{|\varphi|}/(C_{\max}-r_{|\varphi|}) \\ \sum_{i=1}^{|\varphi|} r_i t + \sum_{i=1}^{|\varphi|} b_i, & t > b_{|\varphi|}/(C_{\max}-r_{|\varphi|}) \end{cases}$$

(2-14)

明显地，平均流速小于交换机的线速度，所以有以下限制：

$$\sum_{k=1}^{|\varphi|} r_k \leqslant C_{\max} \tag{2-15}$$

考虑到交换机本身的转发时延，交换机的服务曲线用速率-时延函数描述为

$$\beta(t) = C_{\max}(t - T_{\mathrm{mux}})^+ = \begin{cases} 0, t \leqslant T_{\mathrm{mux}} \\ C_{\max}(t - T_{\mathrm{mux}}), t > T_{\mathrm{mux}} \end{cases} \tag{2-16}$$

由于交换机的队列调度采用 FCFS 方式，有

$$T_{\mathrm{mux}} = l_{\max}/C_{\max} \tag{2-17}$$

式中，$l_{\max}$ 表示排在考察数据前端的最大数据帧流的长度，可包括多个数据帧。

积压的队列长度 $V(t) = \alpha(t) - \beta(t)$，当 $t = b_{|\varphi|}/(C_{\max}-r_{|\varphi|})$ 时 $V(t)$ 达到极大值：

$$t_{\max} = t_{|\varphi|} = b_{|\varphi|}/(C_{\max}-r_{|\varphi|}) \tag{2-18}$$

$$V_{\max} = \sum_{i=1}^{|\varphi|} b_i + \sum_{i=1}^{|\varphi|} r_i t_{\max} - C_{\max}(t_{\max} - T_{\mathrm{mux}}) \tag{2-19}$$

相应的排队时延上限 T_q 为

$$T_q = \sum_{i=1}^{|\varphi|} (b_i/C_{\max}) - t_{\max}(1 - \sum_{i=1}^{|\varphi|} (r_i/C_{\max})) + T_{\mathrm{mux}} \tag{2-20}$$

考虑跨越 m 个交换机的列车设备的通信情况。由相关定理可知，串联系统提供的服务曲线为各个单机节点服务曲线的卷积。则对于数据流经过 m 个交换机的总服务曲线为

$$\beta_s = \beta_{s_1} \otimes \beta_{s_2} \otimes \cdots \otimes \beta_{s_m} \tag{2-21}$$

结合 2.2.2 节的式 (2-1) 可得数据帧经过 m 个交换机的时延上限为

$$T_{\text{delay}} = T_{\text{source}} + \left(T_{\text{switch}}^{\text{basic}} + \sum_{i=1}^{m} T_{q_i}\right) + T_{\text{sink}} + T_{\text{prop}} \tag{2-22}$$

2.5.3 实时数据帧的最大端到端时延计算实例

本节分别给出车辆级通信和列车级通信的实时数据帧最大端到端时延上限的计算实例，并对计算结果进行深入分析，网络拓扑采用本书 2.3.3 节图 2-8 所示结构，两个组之间只有头车和尾车有数据通信，其他通信都在同一组内进行。

本节计算中，各级交换机的调度方式均采用 FCFS，输入输出端口速率均为 100Mbps；为了使计算结果具有可扩展性，考虑网络中的终端设备多于目前的实际应用情况，假设每个组交换机各连接 15 个电子控制单元（实际应用中一般头车的挂接设备最多，CRH5 型动车组有 10 个，某地铁列车有 7 个）；一般列车车厢长度为 25m，考虑链路弯折，交换机之间、交换机与终端设备之间的全双工链路长度均取 50m；按照信号在物理介质中的传播速度为 2.0×10^8 m/s 计算，则每段链路传播时延 $\tau = 0.25 \mu s$。

IEEE 802.1P 规定以太网帧长度为 64~1522Byte，计算时还需包括帧前同步码 8Byte 和帧间隙 12Byte。假定实时数据均采用最小帧长度，各电子控制单元每 10ms 发送一个实时周期数据帧，则实时周期数据流的到达曲线为

$$\alpha_{\text{cycle}}(t) = 8400t + 84 \text{Byte/s} \tag{2-23}$$

采用漏桶管制对实时非周期数据与非实时数据进行流量控制，使它们的平均发送速率为实时周期数据的 20%，至多连续发送 10 个数据帧，非实时数据帧取为 1522Byte，则它们的到达曲线分别为

$$\alpha_{\text{aperiodic}}(t) = 1680t + 840 \text{Byte/s} \tag{2-24}$$

$$\alpha_{\text{nrt}}(t) = 1680t + 15420 \text{Byte/s} \tag{2-25}$$

下面分别计算车辆级通信和列车级通信的实时数据帧最大端到端时延。

(1) 车辆级通信的实时数据帧端到端时延

考察列车头车的车辆级数据通信时延，令头车的 CCU 节点之外的 14 个 ECU 节点同时向 CCU 发送到达曲线为上述 $\alpha_{\text{cycle}}(t)$、$\alpha_{\text{aperiodic}}(t)$ 和 $\alpha_{\text{nrt}}(t)$ 的三

种数据流,则实时数据帧的最大排队时延出现在其前端为连续 10 个非实时数据帧的情况下,根据式(2-20)~式(2-28)可得实时数据帧的最大排队时延为

$$T_{\text{mux}} = b_{\text{nrt}}/C_{\max} = 0.12336\text{ms}$$

$$t_{\max} = \frac{b_{\text{nrt}}}{C_{\max} - r_{\text{nrt}}} \approx 0.12336\text{ms}$$

$$T_q = 18.32152\text{ms}$$

车辆级通信的数据传输路径需经过一台交换机和两段链路。在发送节点处,理论上仅当发送间隔小于 6.72μs 才会发生等待现象,故在此可视为数据帧在发送节点处队列等待时间为 0;分别取发送节点协议栈处理时间、交换机基本时间、接收节点协议栈处理时间为 50μs、50μs、50μs。将上述取值代入式(2-22)可得车辆级编组网实时数据帧的最大端到端时延上限为

$$T_{\text{delay}}^{\text{vehicle}} = 18.47202\text{ms}$$

(2) 列车级通信的实时数据帧端到端时延

在列车正常运行过程中,头车和尾车的 CCU 之间需要进行列车级实时数据通信,按照图 2-8 所示的列车通信网络拓扑,头车和尾车的数据通信需经过 4 个交换机、5 段链路,此时可令列车头车的 15 个 ECU 向尾车的 CCU 发送到达曲线为 $\alpha_{\text{cycle}}(t)$、$\alpha_{\text{aperiodic}}(t)$ 和 $\alpha_{\text{nrt}}(t)$ 的三类数据,按照计算编组网时延的节点协议栈处理时间等参数计算骨干网头车和尾车间实时数据帧传输的最大端到端时延,可得

$$T_{\text{delay}}^{\text{train}} = 78.82209\text{ms}$$

2.5.4 实时数据帧的最大端到端时延分析

2.5.3 小节的计算中,为了使计算结果具有可扩展性,采用了较大通信数据量、最传统的交换机调度方式以及未加实时性扩展的网络协议,具体说明如下:

① 假设每个交换机都连接了 15 个电子控制单元;在考察列车级最大端到端时延问题时,假设头车 15 个节点同时向尾车 CCU 发送信息;计算中选取的三种数据的数据帧都相对较大,尤其是非实时数据帧取 1522Byte,而目前 WTB+MVB 网络中的最大数据报文只有 330bit。

② 交换机采用 FCFS 调度方式,在该调度方式下,网络中的最大数据帧长

度是实时数据帧最大端到端时延的决定因素,而计算中选取的最大数据帧长度远大于目前实际应用中的数据报文长度。

③ 计算将以太网＋TCP/IP 协议栈作为通信协议,没有考虑实时性扩展。

在上述输入条件下,本书设计的列车通信网络的车辆级和列车级实时数据帧的最大端到端时延上限分别为 $T_{\text{delay}}^{\text{vehicle}}=19.78071\text{ms}$ 和 $T_{\text{delay}}^{\text{train}}=78.82209\text{ms}$。

可见,在 2.3.3 小节图 2-8 设计的列车通信网络拓扑下,车辆级和列车级数据通信中实时数据帧的最大端到端时延上限满足本书 1.3.2 小节提出的低标准时延约束条件: $T_{\text{delay}}^{\text{vehicle}}<50\text{ms}$ 和 $T_{\text{delay}}^{\text{train}}<100\text{ms}$。

考虑列车通信网络初运行功能的特定需求,列车级 ETBN 节点的设置可能不同于图 2-8 所示的设计。例如,当一辆 16 编组的列车的每节车辆之间都需要解锁重联时,每节车辆都要设置一个 ETBN 节点,此时头尾车之间传输的实时数据帧的列车级最大端到端时延为 $T_{\text{delay}}^{\text{train\_16}}=330.79211\text{ms}$,不能满足低标准时延约束条件,需要研究降低时延的实时通信技术。同时,为了满足高标准时延约束条件,进一步确保某些特殊的列车应用的实时性。例如,中车集团生产的某列车要求车辆信息控制装置到电子控制装置的控制命令的传输时延要小于 10ms。本节结合最大端到端时延的计算进行分析,得出以下几种降低实时数据帧端到端时延的方法:

① 如果交换机采用 FCFS 调度方式,则需要减小在交换机排队的最大数据帧长度。实际应用中,可以通过报文分组发送的方式实现。假设其他输入条件同 2.5.3 节的计算一样,为了使编组网中实时数据帧的最大端到端时延小于 10ms,则要求最大数据帧长度（非实时数据）应小于 799Byte,可以将 1522Byte 的数据分成两个报文发送。

② 优化网络拓扑,尽量保证实时数据帧的传输经过较少的交换机。这个方法包括优化交换机的连接方式和优化设备到交换机的分配两个方面。本书的交换机连接方式符合实际应用和可靠性要求,可以在这种方式下讨论设备到交换机的优化问题,这是本书第 3 章的主要研究内容。

③ 改进交换机的队列调度方式,避免非实时数据对实时数据的阻碍,可以优先发送实时数据帧或者将二者分时发送,本书第 4 章将针对这个方法进行讨论。

④ 减少同时到达交换机的数据量。本章计算中假设所有电子控制单元的三

种数据同时到达交换机；在计算车辆级通信时延时，假设头车的 14 个 ECU 同时向 CCU 发送数据；在计算列车级通信时延时，假设头车的 15 个 ECU 同时向尾车的 CCU 发送数据。这势必造成交换机排队时延的增大，可以采用业务调度优化等技术避免各 ECU 同时访问交换机，减少交换机的排队数据量，本书第 5 章和第 6 章将着重研究这一问题。

⑤ 改进网络协议栈，为了保持硬件兼容性，可以在链路层之上添加实时调度层。此外，还可以在传输层进行控制，采用 UDP/IP 传输实时数据帧，采用 TCP/IP 传输非实时数据帧，2.5.5 小节将通过仿真分析这一改进的有效性。

2.5.5　端到端时延的仿真测试与分析

本小节以 CRH5 型动车组的 TCMS 系统的设备种类和通信量为原型，在 OPNET 中搭建如图 2-18 所示的列车通信网络仿真模型，各车辆的子网内部模型根据 CRH5 型动车组的车辆级网络建立，其中 MC1 车的内部模型与图 2-14（b）相同。

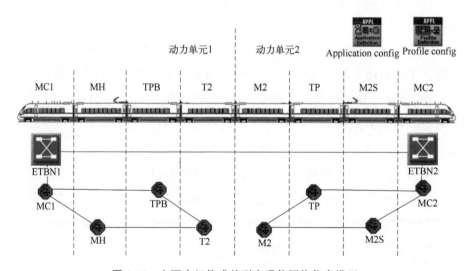

图 2-18　由两个组构成的列车通信网络仿真模型

该仿真模型由两个动力单元构成，两个动力单元之间通过 ETBN 节点通信，除 MC1 车和 MC2 车有数据通信外，其他通信都在同一动力单元内进行。为便于分析，以电子控制单元 BCU 的通信为主要考察对象（按照 CRH5 型动车组的实际情况，头车和尾车各有一个 BCU），重点分析以下几个问题：

① 在 10Mbps 以太网链路模型中，考察不同数据量配置情况下的数据帧端到端时延。

② 考察传输层协议分别采用 UDP 和 TCP 时的实时数据帧端到端时延。

③ 考察分别采用 10Mbps 和 100Mbps 链路模型时的数据帧端到端时延。

(1) 考察不同数据量配置情况下的数据帧端到端时延

① 模拟分析列车在现有实际通信量情况下的时延。

表 2-2 是某制动设备公司生产的基于 MVB 协议的 BCU 的通信量设置（目前只有过程数据通信），以此为参照，考虑普适性，本节采用如表 2-3 所示的通信量配置作为仿真参数。

表 2-2 某型号 BCU 的通信量配置

数据类型	循环时间/ms	数据长度/bit
过程数据（周期性实时）	16	128
过程数据（周期性实时）	512	64
过程数据（周期性实时）	64	256

表 2-3 按照现有列车实际通信量配置的数据种类

序号	数据类型	循环时间/ms	数据长度/bit
1	过程数据（周期性实时）	16	512
2	过程数据（周期性实时）	64	512
3	过程数据（周期性实时）	512	512
4	消息数据（非周期性实时）	服从泊松分布,均值 64	512
5	消息数据（非周期性实时）	服从泊松分布,均值 64	512
6	非实时数据	服从泊松分布,均值 128	服从泊松分布,均值 2048

注：过程数据及消息数据的数据帧大小取以太网数据帧最小值 64B，即 512bit。

在当前仿真场景下，制动控制单元（BCU）、牵引控制单元（TCU）、辅助控制单元（ACU）分别向头尾车两主处理单元（MPU）发送数据 1、2、3、4、

5；其他各终端设备分别向两主处理单元（MPU）发送数据2、4、5、6。

仿真结果表明，网络中最大链路吞吐量为1.04Mbps，链路占用率为10.4%，此时BCU、MPU等主要节点的实时数据帧的端到端时延如表2-4所示。

表2-4　各节点收到不同数据的端到端时延

统计量	统计对象（10Mbps 链路模型）	统计值
吞吐量	MPU 与 ECNN 之间链路	1.04Mbps
	BCU 与 ECNN 之间链路	0.135Mbps
占用率	MPU 与 ECNN 之间链路	10.4%
	BCU 与 ECNN 之间链路	1.35%
时延	MC1 头车中的 BCU 收到本车 MPU 传来的消息数据	1.10ms
	MC1 头车中的 BCU 收到本车 MPU 传来的过程数据	0.39ms
	MC1 头车中的 MPU 收到本车 BCU 传来的过程数据	0.29ms
	MC1 头车中的 MPU 收到本车 BCU 传来的消息数据	0.7ms
	MC2 尾车中的 MPU 收到来自 MC1 头车中 BCU 的过程数据	0.67ms
	MC2 尾车中的 MPU 收到来自 MC1 头车中 BCU 的消息数据	1.10ms
	传输距离最大的实时数据帧的端到端时延	0.67ms
	实时数据帧的最大端到端时延（出现在通信量最大的节点之间）	1.10ms

② 模拟分析列车在未来大数据量通信情况下的时延。

表2-5是按照未来列车大数据量通信配置的数据种类。

表2-5　按照未来列车大数据量通信配置的数据种类

序号	数据类型	循环时间/ms	数据长度/bit
1	过程数据（周期性实时）	8	512
2	过程数据（周期性实时）	16	512
3	过程数据（周期性实时）	32	512
4	消息数据（非周期性实时）	服从泊松分布,均值16	512
5	消息数据（非周期性实时）	服从泊松分布,均值16	512
6	非实时数据	服从泊松分布,均值16	服从泊松分布,均值2048

在当前仿真场景下，制动控制单元（BCU）、牵引控制单元（TCU）、辅助

控制单元（ACU）分别向头、尾车两个主处理单元（MPU）发送数据 1、2、3、4、6；其他各终端设备分别向两主处理单元（MPU）发送数据 2、4、5、6。

仿真结果表明，网络中最大链路吞吐量为 4.17Mbps，链路占用率为 41.7%，此时 BCU、MPU 等主要节点的实时数据帧的端到端时延如表 2-6 所示。

表 2-6 各节点收到不同数据的端到端时延

统计量	统计对象（10Mbps 链路模型）	统计值
吞吐量	SWITCH_MPU 与 ECNN 之间链路	4.17Mbps
	BCU 与 ECNN 之间链路	0.45Mbps
占用率	SWITCH_MPU 与 ECNN 之间链路	41.7%
	BCU 与 ECNN 之间链路	4.5%
时延	MC1 车中 BCU 收到 MPU 的消息数据	1.35ms
	MC1 车中 BCU 收到 MPU 的过程数据	0.61ms
	MC1 车中 MPU 收到基于 TCP 的消息数据	1.2ms
	MC1 车中 MPU 收到的过程数据	0.46ms
	MC1 车中 MPU 收到来自 MC1 车中 BCU 的过程数据	0.29ms
	MC2 车中 MPU 收到来自 MC1 车中 BCU 的过程数据	0.7ms
	MC1 车中 MPU 收到来自 MC1 车中 BCU 的消息数据	0.8ms
	MC2 车中 MPU 收到来自 MC1 车中 BCU 的消息数据	1.18ms
	传输距离最大的实时数据帧的端到端时延	0.8ms
	实时数据帧的最大端到端时延（出现在通信量最大的节点之间）	1.35ms

③ 模拟列车数据量极大情况下的时延。

修改表 2-5 中第 3 种数据的循环时间，从 32ms 依次改为 16ms、8ms、4ms、2ms 和 1ms，仿真列车数据量逐渐增大到极端情况下的端到端时延。

当第 3 种数据的循环时间依次为 1ms、2ms、4ms、8ms 和 16ms 时，最大链路占用率分别为 91.7%、61.8%、47.3%、45.4% 和 42.7%，如图 2-19 所示。

其中，当第 3 种数据的循环时间设为 1ms 时，网络处于崩溃状态，如图 2-20 和图 2-21 所示，MPU 收到两种实时数据和 BCU 收到过程数据的时延都不收敛。

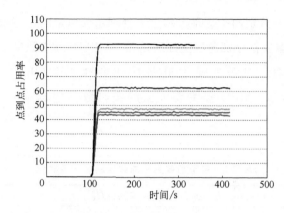

图 2-19 最大链路占用率

从上到下表示第 3 种数据循环时间为 1ms、2ms、4ms、8ms 和 16ms

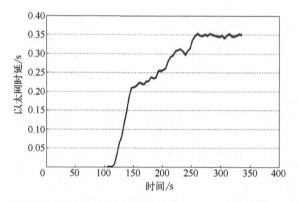

图 2-20 网络崩溃时 MPU 收到两种数据的时延（消息数据和过程数据）

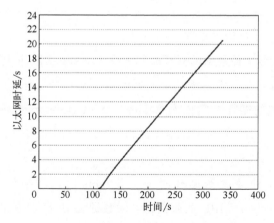

图 2-21 网络崩溃时 BCU 收到过程数据的时延

④ 不同数据量配置情况下的数据帧端到端时延仿真结果总结。

a) 仿真中数据传输的端到端时延满足 1.3 节所述的高标准时延约束。

b) 在链路模型为 10Mbps 时，当链路占用率达到 10.4% 时，传输距离最远的实时数据帧的端到端时延为 0.67ms，而实时数据帧的最大端到端时延（出现在通信量最大的节点之间）为 1.1ms。

c) 在链路模型为 10Mbps 时，当链路占用率达到 41.7% 时，传输距离最大的实时数据帧的端到端时延为 0.8ms，而实时数据帧的最大端到端时延（出现在通信量最大的节点之间）为 1.35ms。

d) 在链路模型为 10Mbps 时，当表 2-5 中的第 3 种数据的循环时间设为 1ms，其他数据的循环时间不变时，网络处于崩溃状态，MPU 收到的两种数据和 BCU 收到的过程数据的时延都不收敛，此时网络最大链路占用率为 91.7%。

(2) 考察传输层协议分别采用 UDP 和 TCP 时的实时数据帧端到端时延

仿真的主要参数配置参照表 2-5，其中所有的过程数据都采用 UDP 传输，第 4 种消息数据采用 UDP 传输，第 5 种消息数据和第 6 种非实时数据采用 TCP 传输，通信方式参照大数据量通信情况，仿真结果如图 2-22 和图 2-23 所示。

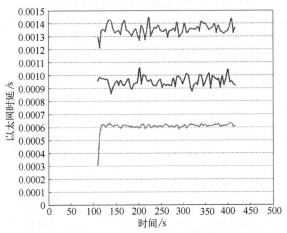

图 2-22　MC1 车中 BCU 收到三种数据的时延

由上至下依次为第 5 种消息数据，第 4 种消息数据、过程数据

第 4 种和第 5 种消息数据的循环时间和数据长度均相同，可见采用 UDP 传输能有效降低实时数据的端到端时延。

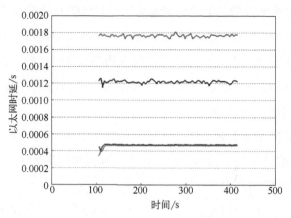

图 2-23 MC1 车中 MPU 收到四种数据的时延

由上至下依次为第 6 种非实时数据，第 5 种消息数据，第 4 种消息数据、过程数据

(3) 考察分别采用 10Mbps 和 100Mbps 链路模型时的数据帧端到端时延

仿真的主要参数配置参照表 2-5，负荷最大的链路吞吐量为 4.17Mbps，此时各节点的数据帧端到端时延如表 2-7 所示。

表 2-7 各节点收到不同数据的端到端时延

统计量	统计对象	统计值/ms
时延	MC1 车中 BCU 的过程数据(10Mbps 链路模型)	0.612
	MC1 车中 BCU 的过程数据(100Mbps 链路模型)	0.048
	MC1 车中 BCU 基于 UDP 的消息数据(10Mbps 链路模型)	0.95
	MC1 车中 BCU 基于 UDP 的消息数据(100Mbps 链路模型)	0.095
	MC1 车中 BCU 基于 TCP 的消息数据(10Mbps 链路模型)	1.35
	MC1 车中 BCU 基于 TCP 的消息数据(100Mbps 链路模型)	0.12
	MC1 车中 MPU 收到的过程数据(10Mbps 链路模型)	0.453
	MC1 车中 MPU 收到的过程数据(100Mbps 链路模型)	0.049
	MC1 车中 MPU 收到的基于 UDP 的消息数据(10Mbps 链路模型)	0.450
	MC1 车中 MPU 收到的基于 UDP 的消息数据(100Mbps 链路模型)	0.0498
	MC1 车中 MPU 收到的基于 TCP 的消息数据(10Mbps 链路模型)	1.21
	MC1 车中 MPU 收到的基于 TCP 的消息数据(10Mbps 链路模型)	0.124
	MC1 车中 MPU 收到的非实时数据(100Mbps 链路模型)	1.78
	MC1 车中 MPU 收到非实时数据(100Mbps 链路模型)	0.19

可见，按照本书配置的列车数据量进行通信，当最大链路吞吐量为 4.17Mbps 时，采用 100Mbps 的链路模型较 10Mbps 的链路可以相对降低数据的端到端时延。

2.6 本章小结

本章首先根据列车通信网络的拓扑设计需求、一般列车通信网络的设计经验和交换式以太网的时延特性，设计了基于交换式以太网的列车通信网络，编组网通过交换机连接成环形冗余结构。

然后通过 EED（边扩张）方法构建了列车通信网络的 BDD 结构图（二元决策图），计算了 VLSTCN 网络的及时可靠度。并仿真验证了在链路 MC1→MH→T2 的正常工作概率分别为 99% 和 90% 的情况下，通过网络的冗余机制，仍然能够保证网络的及时可靠度（即任务数据在规定条件和规定时间被接收端接收，其端到端时延小于任务的截止期的概率）分别达到 0.95983521 和 0.9547521，这说明本书设计的列车通信网络的及时可靠度较高。

最后通过网络演算理论和仿真方法分析了网络的最大端到端时延。为了使计算结果具有可扩展性，理论计算采用了较大通信数据量（15 个 ECU 同时访问交换机，最大数据帧长度为 1522Byte）、最传统的交换机调度方式（FCFS）以及未加实时性扩展的网络协议（传统以太网＋TCP/IP），计算结果表明车辆级通信和列车级通信中实时数据帧的最大端到端时延上限满足本书提出的低标准时延约束：$T_{\text{delay}}^{\text{vehicle}} = 19.78071\text{ms} < 50\text{ms}$ 和 $T_{\text{delay}}^{\text{train}} = 78.82209\text{ms} < 100\text{ms}$。而为了满足高标准时延约束，需要进行拥塞控制，或者采用优化的交换机调度方式，或者对网络协议进行实时性改进。仿真选用了与实际应用相近的列车数据量以及合理扩展的数据量，仿真结果表明，本书设计的网络在这两种场景中都能满足高标准时延约束，实时数据帧的最大端到端时延分别为 1.1ms 和 1.35ms，而采用 UDP 传输比采用 TCP 传输的数据帧时延明显降低，采用 100Mbps 以太网比采用 10Mbps 以太网的时延有所降低。

3 基于相对时延的终端设备到交换机的优化分配

本书第 2 章给出了基于交换式以太网的列车通信网络拓扑，着重说明了交换机的连接方式，并分析了经过多级交换机的列车级通信的实时性能满足低标准时延约束条件。为了满足高标准时延约束条件，本章重点围绕终端设备到交换机的分配方式开展实时性研究。首先描述了终端设备到交换机的优化问题，提出基于相对时延的目标函数，然后设计了基于混合交叉遗传算法的优化分配方法，最后通过解析方法和仿真方法对优化结果进行了分析。

3.1 概述

关于交换式工业以太网的拓扑优化问题目前已有部分研究成果：上海交通大学的张奇智博士分别以遗传算法和图划分理论为工具，对交换式工业以太网的网络拓扑进行了优化研究，但其优化目标是减少子网间的通信量，同时平衡各个子网的通信负荷和站点规模，没有考虑具体数据流的时延问题；华中科技大学的胡晓娅博士针对传统遗传算法全局搜索能力差的问题，提出采用改进的遗传算法优化交换式以太网的拓扑结构；武汉理工大学的陈本源博士为了减小算法的开销，提出了改进的擂台赛算法用以构造进化群体的非支配集；浙江大学的张雷博士将时延量引入遗传算法的适应度函数构建中，其适应度函数的选取更多关注个体进化。

本章从提高样本整体进化能力的角度出发，考虑相对时延的方差，进一步改进适应度函数，提出基于混合交叉的遗传算法对第 2 章提出的列车通信网络的拓扑进行优化。

3.2 终端设备到交换机的分配优化问题描述

通过第 2 章的分析可知，减小交换式以太网端到端时延的一个方式是优化网络拓扑，尽量保证数据帧的传输经过较少的交换机，可以分为两个步骤：首先设计交换机间的拓扑连接，然后设计终端设备到交换机的分配方式。

在列车通信网络的应用中，交换机连接方式需符合实际应用、可靠性和实时性要求，网络拓扑优化主要是在给定交换机拓扑的基础上，优化终端设备到交换机的分配方式，本节给出这一优化问题的描述。

3.2.1 遗传算法基础

遗传算法（Genetic Algorithm）是模拟达尔文生物进化论中的自然选择和遗传学机理的计算模型，是一种通过模拟自然进化过程搜索最优解的方法，也是人工智能领域中用于解决最优化问题的一种搜索启发式算法。遗传算法是借鉴了进化生物学中的一些现象而发展起来的，这些现象包括遗传、杂交、突变以及自然选择等。

遗传算法的工作机理或求解过程如图 3-1 所示，其主要由以下几个步骤组成。

（1）确定实际问题参数集

这个阶段主要是描述实际优化问题，建立优化问题模型，确定需要优化的目标函数和相关参数。

（2）对实际问题的参数集进行编码

优化问题的解被称作个体，一般用染色体或基因串表示，具体表达为简单的字符串或数字串，不过也有其他依赖于特殊问题的表示方法，这一过程称为编码。编码主要是把一个问题的可行解从其解空间转换到遗传算法所能处理的搜索空间的转换方法。合适的编码方案能够有效提高进化算法的搜索效率，对于很多优化问题，搜索空间的大小并不由问题本身决定，而是取决于问题的解表示方

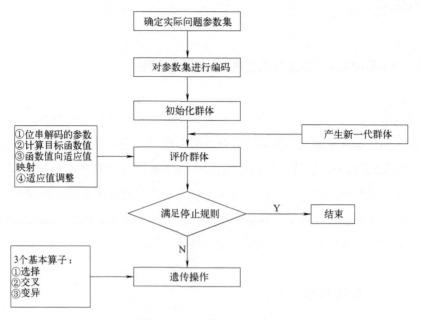

图 3-1 遗传算法工作机理

式,即编码方案。很多学者采用整数编码方案优化网络拓扑,因为整数解码提供了从表示域到问题解的直接映射,通过分析最终得到的解,很容易得到相应的网络拓扑设计。因此本章也将采用整数编码方案,网络优化问题的解被编码成一个整数向量。例如后续 3.2.3 小节提到的示例,用整数编码表示 9 个设备到 3 个交换机的分配方式,设备 $n=\{1,2,3,4,5,6,7,8,9\}$,要将它们分配到 3 个交换机 $k=\{1,2,3\}$,一个可能的分配方式,即某个个体可能为$\{1,1,1,2,2,2,3,3,3\}$,则对应的交换机挂接设备为$\{1,2,3\}$,$\{4,5,6\}$,$\{7,8,9\}$。

(3) 初始化种群

这个过程主要是随机生成一定数量的初始个体,有时操作者也可以对这个随机产生过程进行干预,以提高初始种群的质量。在网络拓扑优化问题中,可以通过将所有终端设备随机地划分到各个交换机来产生初始个体。对新产生的个体要检验其是否满足优化问题的约束条件,如果不满足则将其抛弃。例如,按照后续 3.2.3 小节提到的示例,就可以将$\{1,1,1,2,2,2,3,3,3\}$作为一个初始化群体。

(4) 评价群体

在每一代中,每一个个体都通过适应度函数(Fitness Function)被评价,计算得到一个适应度数值。适应度函数是用来区分群体中个体好坏的标准，是算法演化过程的驱动力。适应度值高的个体被保留，适应度值低的个体被淘汰。实际应用中，可以将目标函数作为适应度函数。种群中的个体被按照适应度值排序，适应度高的在前面。

（5）判断是否满足停止规则

个体经过评价，周而复始产生后代，直到满足停止规则为止。

（6）遗传操作

在不满足停止规则的情况下，通过遗传操作产生下一代个体并组成种群。这个过程主要由选择、交叉和变异 3 个部分组成。

选择算子主要是进行"优胜劣汰"，根据个体的适应度值进行选择，适应度值越高，它被选择用来产生下一代的机会就越大。在网络优化问题中，一般使用轮盘法来选择个体进行复制，每个个体被复制次数的期望值正比于它的适应度值。同时采用最优保留策略把每代种群中适应度值最高的个体传递给下一代，就是在每次进化开始时，将这些个体的染色体复制并存储，然后被用来替换经过交叉和变异操作后适应度值最低的那些个体。将适应度值作为唯一评价标准容易产生几个问题：

① 当出现几个适应度值非常高的个体时容易早熟。

② 当出现几个适应度值接近的个体时，容易使进化进入停顿状态，找不到全局最优解。

交叉算子被用来交换配对父代个体的部分染色体，来产生新的后代。常见的两点交叉方式在两个配对的父代个体中随机产生两个杂交点，然后交换这两个杂交点中间部分的染色体。在每次交叉运算后检查子代个体是否满足约束条件，如果不满足就将子代抛弃，对配对的父代重新进行杂交运算。如果在重试一定次数之后仍无法得到满足条件的子代，则放弃对该父代的交叉运算。有的交叉算子仅能产生新的个体，有的交叉算子（如算术交叉）不仅能产生新的个体，还能产生新的基因。

变异算子主要用来增加种群的多样性，可以提高遗传算法的局部搜索能力。具体操作是在由交叉运算产生的后代个体中，按照一定的概率（不能大于 0.5，否则就成为随机搜索算法，失去了遗传算法特有的搜索能力和数学特征）随机选择若干位进行变异,在此情况下再检验产生的新个体是否满足约束条件。同样,不满足的个体被抛弃。

3.2.2 数据流的端到端相对时延

同第 2 章的定义,假设网络中所有数据流的集合为 φ,每个数据流的特征参数为 $[S_i, G_i, D_i, B_i]$,$i \in \{1, 2, \cdots, |\varphi|\}$。其中,$S_i$ 表示第 i 个数据流的源节点,G_i 表示第 i 个数据流的目的节点,D_i 表示第 i 个数据流的截止期,B_i 表示第 i 个数据流的帧长度。对于一个给定的网络拓扑,可以根据 2.5.2 小节的计算模型得到网络中每个数据流的端到端时延 d_i,$i \in \{1, 2, \cdots, |\varphi|\}$,用截止期对端到端时延进行归一化处理,得到数据流的端到端相对时延为

$$d_i^r = \frac{d_i}{D_i}, \forall i \in \{1, 2, \cdots, |\varphi|\} \tag{3-1}$$

数据流的端到端相对时延能进一步反映数据传输是否满足截止期要求。

3.2.3 列车设备到交换机的分配模型

假设列车通信网络中有 M 个交换机、N 个设备。定义一个大小为 $m \times n$ 的矩阵变量 X 来描述设备到交换机的分配问题,如果设备 n 分配到交换机 m,则矩阵元素 $x_{mn} = 1$;否则,$x_{mn} = 0$。

$$\boldsymbol{X} = \begin{bmatrix} x_{11} & x_{12} & \cdots & x_{1n} \\ x_{21} & x_{22} & \cdots & x_{2n} \\ \vdots & \vdots & \ddots & \vdots \\ x_{m1} & x_{m2} & \cdots & x_{mn} \end{bmatrix} \tag{3-2}$$

3.2.4 设备分配约束条件

用 A 表示交换机端口集合,P_m 表示交换机 m 的端口数,q_a 表示交换机端口 a 的最大线速度,矩阵 $\boldsymbol{W}$ 和 $\boldsymbol{V}$ 分别表示流进/流出交换机端口的数据流:如果数据流 i 流进端口 a,则 $W_{ia} = 1$,否则 $W_{ia} = 0$;如果数据流 i 流出端口 a,则 $V_{ia} = 1$,否则 $V_{ia} = 0$。有

$$W = \begin{vmatrix} W_{11} & W_{12} & \cdots & W_{1|A|} \\ W_{21} & W_{22} & \cdots & W_{2|A|} \\ \vdots & \vdots & \ddots & \vdots \\ W_{|\varphi|1} & W_{|\varphi|2} & \cdots & W_{|\varphi||A|} \end{vmatrix} \tag{3-3}$$

$$V = \begin{vmatrix} V_{11} & V_{12} & \cdots & V_{1|A|} \\ V_{21} & V_{22} & \cdots & V_{2|A|} \\ \vdots & \vdots & \ddots & \vdots \\ V_{|\varphi|1} & V_{|\varphi|2} & \cdots & V_{|\varphi||A|} \end{vmatrix} \tag{3-4}$$

假设共有 N 个列车终端设备，则设备分配问题的约束条件可以表示为

① $$\sum_{m=1}^{M} x_{mn} = 1, \forall n \in \{1, 2, \cdots, N\} \tag{3-5}$$

② $$\sum_{n=1}^{N} x_{mn} \leqslant P_m, \forall m \in \{1, 2, \cdots, M\} \tag{3-6}$$

③ $$\sum_{i=1}^{|\varphi|} W_{ia} \frac{B_i}{T_i} \leqslant q_a, \forall a \in A \tag{3-7}$$

④ $$\sum_{i=1}^{|\varphi|} V_{ia} \frac{B_i}{T_i} \leqslant q_a, \forall a \in A \tag{3-8}$$

⑤ $$d_i^r = \frac{d_i}{D_i} < 1, \forall i \in \{1, 2, \cdots, |\varphi|\} \tag{3-9}$$

⑥ 列车的部分终端设备的位置相对固定，如 CCU/MPU 需配置在头车和尾车。

式 (3-5) 要求每一个设备都要通过一个交换机连接到列车通信网络中，式 (3-6) 描述了分配到某一个交换机的设备数目不能超过交换机总的端口数，式 (3-7) 和式 (3-8) 限制了流进/流出每个交换机端口的数据流速不能超过交换机的最大线速度，式 (3-9) 要求所有实时数据流的端到端时延应当小于其截止期。

3.2.5 基于相对时延的设备分配目标函数

基于相对时延，本书提出了一个设备分配的目标函数：

$$f = D(d_i^r) = \frac{\sum_{i=1}^{|\varphi|} (d_i^r - \overline{d_i^r})^2}{|\varphi|} \tag{3-10}$$

式中，$D(d_i^r)$ 表示相对时延的方差。该目标函数考察所有数据流相对时延的方差，在满足 3.2.4 小节约束条件的情况下，既能保证所有数据流在截止期到来前得到传输，又能保证各相对时延尽量接近；综合考虑了设备通信的时延要求和不同数据流的实时需求，并且也考虑到了所有数据流的整体实时需求。目标函数是设计遗传算法中适应度函数的基础，而适应度函数的设计对控制遗传算法的进行具有重要作用，下一节分析该目标函数的优越性。

3.2.6 目标函数的仿真测试与分析

目标函数是决定遗传算法适应度函数的基础，适应度函数是算法演化过程的驱动力，一般是进行自然选择的唯一依据，改变种群内部结构的操作都是通过适应度值加以控制的，因此适应度函数设计和目标函数设计非常重要。

（1）仿真配置

本仿真按照中车集团某六编组城轨列车的 TCMS 系统的应用配置（共有 36 种设备：头车 TC1 和尾车 TC2 有 7 种，M1 车和 M2 车有 6 种，M3 车和 M4 车有 5 种），如图 3-2 所示，其中各个设备（电子控制单元）的名称如表 3-1 所示。

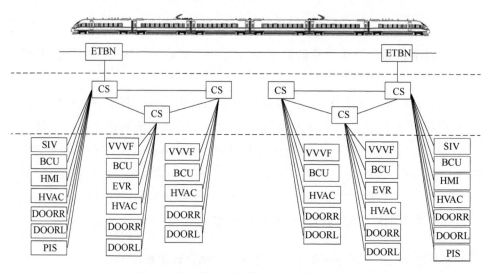

图 3-2 某六编组列车的 TCMS 系统示意图

建立如表 3-2 所示的仿真测试集，考虑每个车厢设置一个交换机（共 6 个），其端口速率为 10Mbps。测试实例 1 是按现有 TCMS 系统的通信量大小配置的，测试实例 2~6 考虑未来列车通信需求逐渐增大的情况。

表 3-1 TCMS 系统设备名称

设备	名称	设备	名称
ETBN	以太网骨干网节点	CS	以太网组交换机
BCU	制动控制单元	SIV	列车辅助供电系统
DOORR	右门	DOORL	左门
HVAC	空调	HMI	人机接口（司机室显示器）
VVVF	变频调速系统	PIS	乘客信息系统
EVR	列车事件记录仪		

表 3-2 仿真测试集

测试实例	1	2	3	4	5	6
通信量	0.9Mbps	1.5Mbps	2.5Mbps	3.5Mbps	4.5Mbps	6Mbps

(2) 仿真结果与分析

为了验证目标函数设计的有效性，选择下列目标函数 f_1 和 f_2 作为参考比较：

$$f = D(d_i^r) = \frac{\sum_{i=1}^{|\varphi|}(d_i^r - \overline{d_i^r})^2}{|\varphi|} \left(d_i^r = \frac{d_i}{D_i} < 1, \forall i \in \{1,2,\cdots,|\varphi|\}\right) \quad (3\text{-}11)$$

$$f_1 = \sum_{i=1}^{|\varphi|} \beta_i d_i^r, \quad \beta_i = \begin{cases} \beta_p, d_i^r > 1 \\ 1, d_i^r \leqslant 1 \end{cases} \quad (3\text{-}12)$$

$$f_2 = \max\{d_i - T_i\} \quad (3\text{-}13)$$

采用 Matlab 仿真软件，分别基于本书目标函数 f 和 f_1、f_2 实现标准遗传算法，参数选择如下：

种群大小为 15，双点交叉概率为 0.6，变异概率为 0.2，用适应度函数评估

次数 n_{eval} 作为所有算法的停止条件。每个测试实例的算法运行时间与列车设备数量成比例设置，令 $n_{eval}=100N$。仿真为每个测试实例运行 10 次，分别统计结果的平均值、最优值和最差值。使用两个网络性能指标比较评价算法性能：平均相对时延 $\overline{d_i^r}$ 和不能满足实时约束（$d_i^r>1$）的设备个数。图 3-3 和图 3-4 是基于这 3 个不同目标函数的标准遗传算法对测试集仿真的性能结果。

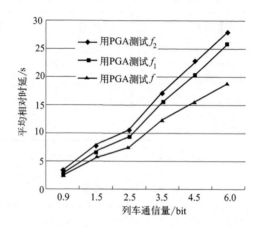

图 3-3 采用不同目标函数测试的平均相对时延

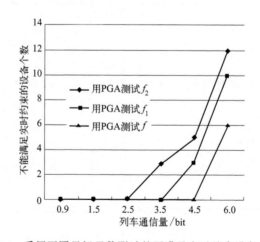

图 3-4 采用不同目标函数测试的不满足实时约束设备个数

从仿真结果可以看出，采用标准遗传算法（PGA）验证目标函数性能时，不同目标函数的算法性能在不同的列车通信量下走向趋势是一致的，随着通信量的增大，平均相对时延都增大，而不满足实时约束的设备个数越来越多。

采用本书提出的目标函数 f 作为优化对象时，网络的平均相对时延始终小于目标函数为 f_1 和 f_2 的网络，且随着列车通信量的增大，平均相对时延的降低幅值越来越大，优越性越来越明显。同时，采用本书提出的目标函数作为优化对象时，当列车通信量小于 6Mbps 时，所有设备都能满足实时约束条件，即所有设备传输数据流都能在截止期到来前得到传输，而当列车通信量达到 6Mbps 时，有 6 个设备不能满足实时约束条件，即在目前的网络拓扑下，当网络的占用率达到 60% 时，实时性能较差。而采用 f_2 作为目标函数时，当列车通信量达到 3.5Mbps 时，就有 3 个设备不能按截止期要求传输数据；当通信量达到 6Mbps 时，有多达 12 个设备（占总设备数的 1/3）不能按实时性要求传输数据。同理，采用 f_1 作为目标函数时，其网络实时性能也较差。

分析这种结果，是因为在进化过程中，任意设备之间的通信量改变都会影响目标函数，f_2 的搜索算法只考虑那些不能满足实时性需求的数据，而忽略了其他数据的性能，f_1 虽然考虑了所有数据的实时性能，但只着重降低网络的整体相对时延，而 f 不仅能降低网络的整体相对时延，还考虑了相对时延的分布情况，通过降低相对时延的方差，保证了不满足实时约束条件的设备尽量少。

3.3 基于混合交叉的遗传算法

3.3.1 编码方式

实数编码具有精度高、稳定性好、收敛速度快等优点，本书采用实数编码方案解决设备到交换机的分配问题。

3.3.2 适应度函数

根据遗传算法的操作规则，一般需要将最小值优化问题转换为最大值优化问题，因此需要对 3.2.5 小节的目标函数进行转换，得到适应度函数如下：

$$f = U - \beta_i D(d_i^r), \quad \beta_i = \begin{cases} \beta_p, d_i^r > 1 \\ 1, d_i^r \leqslant 1 \end{cases} \quad (3-14)$$

式中，U 应该选择一个合适的数，使所有优良个体的适应度值都为正数。

利用平滑技术处理适应度函数，该函数可以帮助找到比目前找到的最好点 x' 更好的点，去掉比目前最好点 x' 差的点。该平滑函数的构造如下：

$$F(x,x') = f(x) + \frac{1}{2}\{1 - \text{sign}[f(x) - f(x')]\}[f(x') - f(x)] \quad (3\text{-}15)$$

3.3.3 选择算子

选择方法采用锦标赛方法，从群体中随机选择 K 个个体（K 为竞赛规模），将其中适应度最高的个体保存到下一代，再将该代中适应度最高的个体保存下来，这一过程反复执行，直到某一代的个体数达到预先设定的数量为止。这种算法常常比轮盘法选择得到更加多样化的群体。此外，这种方法也使适应度值高的个体具有更多的生存机会。同时，由于它采用适应度值的相对值而非绝对值作为选择标准，能避免超级个体的影响，在一定程度上避免"早熟"和停滞现象。

3.3.4 混合交叉遗传算法设计

本书提出一种新的交叉算子，通过将父代个体进行复杂混合得到子代，子代个体将不限于两个父代个体之间，提高了搜索能力，保持了群体基因库的多样性，这里称之为混合交叉遗传算法（Hybrid Cross Genetic Algorithms，HC-GA）。设

父代为：$s^{(1)} = (s_1^{(1)}, s_2^{(1)}, \cdots, s_n^{(1)})$，$s^{(2)} = (s_1^{(2)}, s_2^{(2)}, \cdots, s_n^{(2)})$

子代为：$g^{(1)} = (g_1^{(1)}, g_2^{(1)}, \cdots, g_n^{(1)})$，$g^{(2)} = (g_1^{(2)}, g_2^{(2)}, \cdots, g_n^{(2)})$

其中

$$\begin{cases} g_i^{(1)} = \lambda(s_i^{(1)} - s_i^{(2)}) + \alpha s_i^{(1)} + \beta s_i^{(2)} \\ g_i^{(2)} = \lambda(s_i^{(2)} - s_i^{(1)}) + \alpha s_i^{(2)} + \beta s_i^{(1)} \end{cases}, i = 1, 2, \cdots, n, \lambda \in [0,1], \alpha \in [0,1], \alpha + \beta = 1$$

$$(3\text{-}16)$$

若 $g_i^{(1)}$、$g_i^{(2)}$ 越界，则用以下算法交叉产生子代：

$$\begin{cases} g_i^{(1)} = \alpha s_i^{(1)} + \beta s_i^{(2)} \\ g_i^{(2)} = \alpha s_i^{(2)} + \beta s_i^{(1)} \end{cases}, i=1,2,\cdots,n, \alpha \in [0,1], \alpha+\beta=1 \quad (3\text{-}17)$$

根据式（3-16）和式（3-17）可以得出结论：

① 当 $\lambda=0$ 时，式（3-16）即算术交叉。

② 当 $\lambda>\alpha$ 或 $\lambda>\beta$ 时，交叉后得到的子代将不限定于两个父代个体所确定的矩体内。

证明第②个结论：先假设 $s_i^{(1)}>s_i^{(2)}$，则

$$g_i^{(1)} - s_i^{(1)} = \lambda(s_i^{(1)} - s_i^{(2)}) + \alpha s_i^{(1)} + \beta s_i^{(2)} - s_i^{(1)} = (\lambda - \beta)(s_i^{(1)} - s_i^{(2)}) \quad (3\text{-}18)$$

$$g_i^{(2)} - s_i^{(1)} = \lambda(s_i^{(1)} - s_i^{(2)}) + \alpha s_i^{(2)} + \beta s_i^{(1)} - s_i^{(1)} = (\lambda - \alpha)(s_i^{(1)} - s_i^{(2)}) \quad (3\text{-}19)$$

$$g_i^{(1)} - s_i^{(2)} = \lambda(s_i^{(1)} - s_i^{(2)}) + \alpha s_i^{(1)} + \beta s_i^{(2)} - s_i^{(2)} = (\lambda + \alpha)(s_i^{(1)} - s_i^{(2)}) \quad (3\text{-}20)$$

$$g_i^{(2)} - s_i^{(2)} = \lambda(s_i^{(1)} - s_i^{(2)}) + \alpha s_i^{(2)} + \beta s_i^{(1)} - s_i^{(2)} = (\lambda + \beta)(s_i^{(1)} - s_i^{(2)}) \quad (3\text{-}21)$$

通过上述 4 个公式可以看出，当 $\lambda>\alpha$ 或 $\lambda>\beta$ 时，交叉后得到的子代个体将不限于父体所确定的范围。同时，若 $s_i^{(1)}<s_i^{(2)}$，也可以得出同样的结论。

采用本书提出的混合交叉算子，一方面可有效防止"早熟"问题，另一方面拓宽了搜索空间，加快收敛速度。本算法允许父代参与子代之间的竞争，选取最优与次优的两个个体进入下一代，而一般的交叉算子的父代都会直接被子代取代，适应度值较高的父代被迫退出进化，降低了收敛速度。

3.4 优化结果测试与分析

为了对本书提出的 HCGA 算法进行性能测试和比较分析，本节首先选取几个标准测试函数进行仿真分析，以验证其拟合能力和收敛能力；然后针对本书提出的基于相对时延的适应度函数进行测试，结合列车通信网络的实际应用与采用标准遗传算法（PGA）的优化结果进行对比。

3.4.1 对标准测试函数的优化结果及分析

本小节使用 4 个标准测试函数来验证 HCGA 算法的优越性，标准测试函数如表 3-3 所示。

表 3-3 标准测试函数及参数设置

函数名称	函数表达式	搜索区域
Ratrigin 函数	$f_1(x) = \sum_{i=1}^{n}[x_i^2 - 10\cos(2\pi x_i) + 10]$	$[-5.12, 5.12]^n$
Rosenbrock 函数	$f_2(x) = \sum_{i=1}^{n}[100(x_{i+1} - x_i^2)^2 + (x_i - 1)^2]$	$[-10, 10]^n$
Griewank 函数	$f_3(x) = 1 + \dfrac{1}{4000}\sum_{i=1}^{n}x_i^2 - \prod_{i=1}^{n}\cos\left(\dfrac{x_i}{\sqrt{i}}\right)$	$[-600, 600]^n$
Schaffer 函数	$f_4(x) = \dfrac{\sin^2\sqrt{x_1^2 + x_2^2} - 0.5}{[1 + 0.001(x_1^2 + x_2^2)]^2} - 0.5$	$[-10, 10]^n$

采用 Matlab R2012a 实现基于混合交叉的遗传算法,种群大小为 50,交叉算子中的各参数取值为 $\lambda=0.5$,$\alpha=0.2$,$\beta=0.8$,变异概率为 0.2。为保证测试的准确性,对每个函数独立运行 20 次,将最优适应度值和平均适应度值作为最终评价指标,给出了在混合交叉遗传算法和标准遗传算法优化下的评价对比表。

(1) Ratrigin 函数

$$f_1(x) = \sum_{i=1}^{n}[x_i^2 - 10\cos(2\pi x_i) + 10] \tag{3-22}$$

Ratrigin 函数是多峰函数,具有大量按正弦拐点排列的局部最优点。

当 $x_i=0$ 时达到全局极小点,在 $S=\{x_i \in [-5.12, 5.12], i=1,2,\cdots,n\}$ 范围内大约存在 $10n$ 个局部极小点,采用传统遗传算法寻找最优点很容易陷入早熟。采用两种优化算法对 Ratrigin 函数测试的结果如表 3-4 所示。

表 3-4 对 Ratrigin 函数的优化结果

优化算法	最优适应度值	平均适应度值	迭代次数
HCGA	0.002789	0.45782	30
PGA	0.132185	8.79819	51

(2) Rosenbrock 函数

$$f_2(x) = \sum_{i=1}^{n}[100(x_{i+1} - x_i^2)^2 + (x_i - 1)^2] \tag{3-23}$$

Rosenbrock 函数是一个单峰函数,该函数在远离最优点区域的适应值地形很简单,但靠近最优点的区域为抛物线形的山谷,变量之间具有很强的相关性,且梯度信息经常误导优化算法的搜索方向,在 $x=\{1,1,\cdots,1\}$ 时具有全局最优值 $f_2(x)=0$。

采用两种优化算法对 Rosenbrock 函数测试的结果如表 3-5 所示。

表 3-5　对 Rosenbrock 函数的优化结果

优化算法	最优适应度值	平均适应度值	迭代次数
HCGA	0.0005789	0.0047892	20
PGA	0.153457	53.6914	51

(3) Griewank 函数

$$f_3(x)=1+\frac{1}{4000}\sum_{i=1}^{n}x_i^2-\prod_{i=1}^{n}\cos\left(\frac{x_i}{\sqrt{i}}\right) \tag{3-24}$$

Griewank 函数是一个复杂的多峰函数,存在大量的局部最小点和高大障碍物,而且各变量之间显著相关,一般遗传算法很容易陷入局部最优,当全局取得最优解 $f_3(x)=0$。

采用两种优化算法对 Griewank 函数测试的结果如表 3-6 所示。

表 3-6　对 Griewank 函数的优化结果

优化算法	最优适应度值	平均适应度值	迭代次数
HCGA	2.546×10^{-9}	1.3578×10^{-6}	30
PGA	4.5746×10^{-5}	3.457×10^{-3}	51

(4) Schaffer 函数

$$f_4(x)=\frac{\sin^2\sqrt{x_1^2+x_2^2}-0.5}{[1+0.001(x_1^2+x_2^2)]^2}-0.5 \tag{3-25}$$

Schaffer 函数是多峰函数,它的全局极大点出现 $x=\{0,0\}$ 时,最优值为 $f_4(x)=0$。在距全局极大点 3.14 范围内的隆起部有无限多的次全局极大点。由于函数的强烈振荡性质及其全局最优点被次优点所包围,一般优化算法很难找到它的全局最优解。

采用两种优化算法对 Schaffer 函数测试的结果如表 3-7 所示。

表 3-7 对 Scaffer 函数的优化结果

优化算法	最优适应度值	平均适应度值	迭代次数
HCGA	0	4.25698×10^{-14}	15
PGA	1.478×10^{-12}	3.7847×10^{-8}	51

通过对 4 个标准函数的测试可以发现,采用本书提出的 HCGA 算法能加快收敛速度,4 个函数的最优适应度值和平均适应度值都能得到改进。尤其是对 Scaffer 函数的测试,在迭代到 15 次时就可以收敛到全局最优值 0,而采用 PGA 算法迭代到 51 次的最优适应度值是 1.478×10^{-12}(在实际仿真中迭代到 30 次就不能再进一步优化了)。Ratrigin 函数的全局最小值附近有非常多局部最小点,采用 PGA 迭代到 20 次(为了保证搜索结果的准确性,本书设置 PGA 的迭代次数都为 51 次,但实际可能会在 51 次之前就得到收敛)就输出了最优适应度值 0.132185,陷入了早熟,而采用 HCGA 则能进一步进化到迭代 30 次,得到最优适应度值 0.002789。

3.4.2 对列车设备分配的适应度函数优化结果分析

本节验证 HCGA 算法对优化基于相对时延的设备分配问题的优越性。采用 Matlab R2012a 实现基于混合交叉的遗传算法,种群大小为 36,采用实数编码,随机生成一组初始化种群 $s = \begin{Bmatrix} 1,3,2,4,6,2,3,4,3,2,6,5,4,1,2,3,6,4,2, \\ 3,4,2,1,5,4,3,6,2,2,1,2,3,5,5,4,2 \end{Bmatrix}$,即分配到 6 个交换机的设备分别为 $m_1 = \{1,14,23,30\}$,$m_2 = \{3,6,10,15,19,22,28,29,31,36\}$,$m_3 = \{2,7,9,16,20,26,32\}$,$m_4 = \{4,8,13,18,21,25,35\}$,$m_5 = \{12,24,34\}$ 和 $m_6 = \{5,11,17,27,33\}$,交叉算子中各参数取值为 $\lambda = 0.5$,$\alpha = 0.2, \beta = 0.8$,变异概率为 0.2。为保证测试的准确性,对每个函数独立运行 20 次,将最优适应度值(相对时延的方差)作为最终评价指标。

本测试也按照 3.2.6 小节某六编组城轨车辆的 TCMS 系统的应用配置，共有 36 种设备：头车 TC1 和尾车 TC2 各有 7 种，M1 车和 M2 车各有 6 种，M3 车和 M4 车各有 5 种。采用 2.5.2 小节推导的最大端到端时延计算方法计算 d_i，进一步得到相对时延 d_i^r，取适应度函数中的 $U=1$，得到适应度函数的具体表达式。适应度函数和相对时延方差的优化结果如图 3-5 和图 3-6 所示。

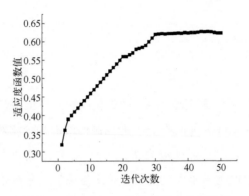

图 3-5 采用 HCGA 优化的适应度函数值

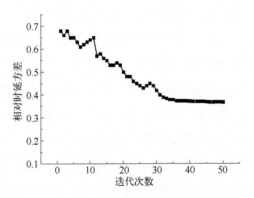

图 3-6 采用 HCGA 优化的相对时延方差

从仿真结果分析，在进化初期，种群的适应度值变化较大，当迭代到 30 次之后，适应度值趋于稳定，而种群的相对时延也在 30 代进化之后趋于稳定。适应度值最大的种群编码为 $g = \begin{Bmatrix} 1,1,1,1,1,2,1,2,2,2,3,2,2,4,3,3,4,3,4, \\ 4,3,3,4,5,5,5,5,6,5,6,6,6,5,6,6,6 \end{Bmatrix}$。明显可见，在这种编码方式下，不存在交换机端口不够用的情况（交换机按照 8 个端口设计)。同时,与优化前相比,数据端到端时延上限平均值与相对时延方差分别降低了 20.6% 和 41.2%。说明依据本章提出的 HCGA 算法设计列车通信网络拓扑,可以有效优化列车设备到交换机的分配,降低设备间通信的相对时延;当通信量小于带宽的 60% 时,可以保证所有数据都能在截止期前得到传输,同时也能优化相对时延的方差,不存在某些设备数据传输的相对时延非常大的情况。

3.5 本章小结

本章首先描述了列车设备到交换机的优化问题,提出了基于相对时延的设备分配目标函数 f。并通过仿真证明了 f 能控制网络的平均相对时延始终小于其他参考文献中的相应时延(目标函数为 f_1 和 f_2),且随着列车通信量的增大,平均相对时延的降低幅值越来越大,优越性越来越明显。分析这种结果,是因为在进化过程中,任意设备之间的通信量改变都会影响目标函数,f_2 的搜索算法只考虑那些不能满足实时性需求的数据,而忽略了其他数据的性能,f_1 虽然考虑了所有数据的实时性能,但只着重降低网络的整体相对时延,而 f 不仅能降低网络的整体相对时延,还考虑了相对时延的分布情况,通过降低相对时延的方差,保证了不满足实时约束条件的设备尽量少。

本章还提出了基于 HCGA 遗传算法的拓扑优化方法,通过对 4 个标准函数的测试证实,4 个函数的最优适应度值和平均适应度值都能得到改进。对 Scaffer 函数的测试说明 HCGA 算法能加快收敛速度,而对 Ratrigin 函数的测试则说明了 HCGA 算法能有效避免"早熟"。本章还仿真测试了 HCGA 算法对优化列车设备分配问题的有效性。测试结果证实,通过 HCGA 算法得到的设备分配方式能降低设备间通信的相对时延,当通信量小于带宽的 60% 时,可以保证所有数据都能在截止期前得到传输,同时也能优化相对时延的方差,不存在设备间相对时延差别非常大的情况。

4 交换机两级调度算法研究

本章针对交换机节点的实时性改进展开研究工作。首先介绍实时调度算法在控制网络通信中的研究现状，然后提出交换机两级调度算法，在此基础上，采用网络演算法和 G/D/1 排队论分别分析数据帧的最大端到端时延和平均端到端时延，并通过高标准时延约束条件考察网络的实时性，最后通过仿真方法进一步验证该调度算法的有效性。

4.1 概述

传统的交换式以太网采用 FCFS 的调度方式，而列车通信网络中的数据分为实时周期数据、实时非周期数据和非实时数据 3 种，同时非实时数据的数据帧一般较大，如果非实时数据先于实时数据到达队列，那么实时数据的排队时延就会较大，不能保证实时数据的实时性。针对这个问题，目前的解决方案是采用优先级的队列调度策略。

本章首先采用基于 IEEE 802.1P 的优先级交换机调度方式将 3 种列车数据分成 3 个优先级队列。然后再采用两级调度机制：一级调度采用优先级-时间片调度解决不同队列的调度顺序问题，二级调度对每个实时队列里的数据采用最小截止期优先（Earliest Deadline First，EDF）调度算法。这样，既能保证实时数据的发送不会受到非实时数据的阻碍，又能兼顾实时周期数据和实时非周期数据的发送，还能保证具有较小截止期的实时周期数据比同一队列里的具有较大截止期的数据得到优先发送。

4.2 实时调度算法研究现状

4.2.1 实时调度算法在控制网络通信中的应用

任务调度（Scheduling）指的是在给定一组任务和资源条件下，求解任务的处理时刻，以满足具有相关性的各个任务的需求。任务间的相关性有顺序相关性、资源相关性、优先级顺序和策略导致的约束等几种。

调度算法就是根据任务的性质和它们之间的相关性，进行任务的安排。

控制网络通信调度是一种实时系统的调度，系统输出的产生时间具有决定性意义，系统工作的正确性不仅依赖于计算结果的逻辑正确性，还依赖于得到结果的时间，即实时系统的任务具有时间约束。任务调度问题也存在于并行计算和生产管理等领域，但在实时系统中有其独有的特点——实时应用对任务有严格的时间约束，任务调度的目标是满足每个任务的时间约束。

实时调度算法是实时系统解决并发和保证确定性和实时性的基本手段。与通用调度算法不同，实时调度算法首先保证所有就绪处理操作均能在规定时限前结束，其次才是尽可能多地处理外部事件以提高系统的资源利用率。根据调度机理的不同，实时调度算法可以分为3种：基于优先级的调度算法、基于时间驱动的调度算法和基于比例共享的调度算法。

(1) 基于优先级的调度算法

由任务的重要性决定任务执行顺序的任务集，每个任务被分配一个优先级，调度器在进行任务调度时总是优先调度具有最高优先级的任务。按照不同的优先级分配方法，根据任务执行序列生成时间分为静态调度算法和动态调度算法。

静态调度算法是在任务集运行之前就产生一个静态的调度表，在运行时总是按照调度表决定从就绪任务队列中选择哪个任务来运行。主要的静态调度算法包括：先进先出算法（First In First Out，FIFO）和单调速率算法（Rate Monotonic，RM）。

动态调度算法是在运行期间才决定选择哪个就绪任务来运行。这类算法比较灵活，能够对变化的环境做出反应，适用于任务生成特性不清楚且不断生成的动态实时系统，但动态调度算法的运行开销一般较静态调度算法大。主要的动态调度算法包括：最小截止期优先算法（Earliest Deadline First，EDF）、最小松弛优先调度算法（Least Laxity First，LLF）和最短处理时间优先算法（Shortest Processing Time First，SPTF）等算法。

（2）基于时间驱动的调度算法

基于时间驱动的调度算法适用于已知输入的简单稳定系统，具有较好的预测性，但缺乏灵活性，并且会出现有任务需要被执行而CPU却保持空闲的情况。这种调度算法本质上是一种离线的静态调度方法。

（3）基于比例共享的调度算法

比例共享调度算法按照一定的CPU使用比例（权重）对一组需要调度的任务进行共享式调度。这种方法的优点是系统中的每个实时任务可以确保其所要求的计算资源，而免受其他任务的干扰，但有时不能保证硬实时任务的时间约束被满足。比例共享调度算法可以分为以下几种：轮转法、公平共享和公平队列等。

上述3种实时调度算法在网络通信调度（包括列车网络控制系统的通信调度）中都有相应的应用，如表4-1所示。

表4-1 3种实时调度算法在网络通信中的应用

实时调度算法	网络协议	具体过程
基于时间驱动的调度算法	MVB	将传输周期分为周期相和偶发相，各时间段又按主从轮询方式发送数据
	WTB	
	实时以太网EPA	将传输周期分为周期通信时间和非周期通信时间
	PROFINET IRT	将传输周期分为IRT和开放时段，分别传输实时性要求非常严苛的数据和实时性要求相对较低的数据
	Ethernet Powerlink	将传输周期分为专用的时间片和共享的时间片
基于比例共享的调度算法	ARCNET	令牌式，是加权轮转调度的一个特例
基于优先级的调度算法	CAN	根据信息优先级的高低，通过非破坏性仲裁机制来决定总线信息的发送顺序
	PROFINET RT	在数据链路层数据帧增加优先级标签
	交换式以太网	在交换机通过优先级标签调度数据的发送顺序

实时调度算法最早用在计算机实时任务的处理中，用来解决多个任务需要在有时间约束的条件下并行处理的问题。工业控制网络（包括列车控制网络）是一种具有严格时间约束的网络，需要解决多个数据并行传输的问题，常用的工业实时以太网以及列车控制网络都采用了实时调度算法。

4.2.2 优先级调度方法在交换机调度中的应用

共享式以太网采用 CSMA/CD 协议，通信不确定，实时性差。

交换式以太网采用微网段全双工通信方式，每个站点具有独立的冲突域，数据的发送不再受限于 CSMA/CD 协议，可以随时接收和发送数据，保证了数据传输的确定性，大大改进了以太网通信的实时性。然而，传统交换式以太网采用 FCFS 的调度方式，大数据帧的非实时数据会阻碍实时数据的发送，仍不能保证通信实时性。

将基于优先级的调度算法应用于交换式以太网，可以解决非实时数据与实时数据争用同一服务端口的问题。

优先级的分配遵照 IEEE 802.1P 标准，IEEE 802.1P 排队特性采用带 VLAN 标记的 IEEE 802.1Q 格式的以太网数据帧格式，如图 4-1 所示，由于用户优先级字段有 3bit，所以 IEEE 802.1P 可以提供 8 种优先级别。

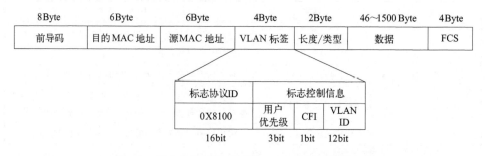

图 4-1 带优先级字段的 IEEE 802.1Q 数据帧格式

据此，交换机的每个输出端口设置三个不同优先级的缓冲队列，且仅当高优先级队列为空时才可转发下一优先级队列中的数据帧，而每一队列又按照 FCFS 机制进行数据转发。基本的优先级交换机调度方式如图 4-2 所示，假设交换机输出端口共有三个缓冲队列，第一队列的优先级最高。

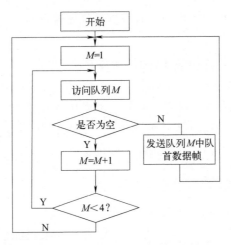

图 4-2 IEEE 802.1P 交换机调度模型

基本的优先级交换机调度方式存在以下两个问题：

① 对于列车通信网络，牵引控制单元、电子控制单元和门控单元等都有实时周期数据，这些数据都将会被视作优先级相同的数据放到最高优先级缓冲队列里，如果按照 FCFS 的方式进行转发，则不能区分这些数据之间的实时性高低。

② 单纯考虑优先级的调度方式会造成低优先级队列的数据出现严重积压。当优先级最高的实时周期数据有连续发送需求时，优先级次高的实时非周期数据就无法得到转发机会，如果出现紧急的列车故障报警信息得不到转发的情况，就会造成严重的后果。

4.3 节将针对以上两个问题提出了交换机两级调度方案。

4.3 交换机两级调度算法

根据 4.2 节的分析，采用不同的优先级队列可以防止非实时数据对实时数据传输的阻碍，但是基本的优先级调度方式还存在 4.2.2 小节所述的两个问题。针对此，本节进一步提出交换机两级调度方案：一级调度解决不同队列的调度顺序问题，为优先级不同的队列分配不同的时间片，避免实时非周期队列数据出现严重积压；二级调度解决同一个优先级队列里的数据转发顺序问题，采用最小截止期算法 EDF，保证截止期较小的实时数据的优先转发。

4.3.1 一级调度——优先级-时间片调度

一级调度主要是队列间调度，本书提出采用优先级-时间片多级反馈队列调度算法：首先根据实时性要求的不同将输出端缓冲队列分成三个优先级不同的队列（Q_{RTC}、Q_{RTA}、Q_{NRT}），如图 4-3 所示，然后为各队列分配不同的时间片。

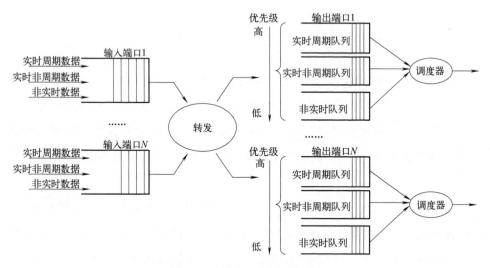

图 4-3　交换机一级队列调度

结合列车通信网络的应用，参照多功能车辆总线（MVB）的调度机制：每个基本周期分为周期相和偶发相两个时间段，IEC 61375-1 标准建议至少留 35% 的时间片给偶发相。鉴于此，本书将实时周期队列和实时非周期队列的可占用时间设为交换机周期的 60% 和 30%，而接下来 5% 的时间片则交给非实时队列占用，留 5% 的时间片作为保护时间。

每一个交换机周期开始时，首先从最高优先级队列中调取数据发送，直到该队列连续占用时间达到交换机周期的 60%，则无论其是否还有数据需要发送，都要从次高优先级队列中调取数据，当次高优先级队列的占用时间达到交换机周期的30%时,则进入非实时队列时间片。这种调度方式既保证了实时数据的时延有上限,也保证了两种实时数据占用时间的相对公平性。

设交换机周期为 T,记录周期时间的定时器为 $Timer$,调度器针对三个队列有3个定时器 $Timer_j$;W_i 表示队列 i 在一个周期内的发送配额,根据本书的设计,$W_1=W_{RTC}=0.6T$, $W_2=W_{RTA}=0.3T$, $W_3=W_{NRT}=0.05T$;D_i 表示每个交换机周期中队列 i 的剩余发送时间;T_{left} 表示一个交换机周期剩余的总发送时间;L_{queue} 为所有在某一周期内竞争接受服务的队列列表。

当交换机新的周期开始时,$T_{left}=T$,$Timer$ 和 $Timer_j$ 开始计时,所有队列均被添加入 L_{queue},各队列的 D_i 初始化为 $D_i=D_i+W_i$。调度器首先从队列 Q_{RTC} 中调取数据进行服务,每发送一个数据包,$D_i=D_i-t$,$T_{left}=T_{left}-t$,t 为发送一个数据包的时间(不同长度的数据包有不同的发送时间,通过数据包长度和交换机转发速率计算得到),当 Q_i 的占用时间达到 W_i 时,$D_i=0$,次优先级队列的定时器中断,调度器转入到次优先级队列的发送;若队列 Q_i 队头数据包所需的发送时间大于 D_i 时,说明 Q_i 的剩余发送时间不足以发送队头的数据包,则判定该队列在本周期的服务结束,调度器将该队列从 L_{queue} 中移除,次优先级队列的定时器中断,并转入次优先级队列的发送。当 $T_{left}=0$ 时,交换机本周期的调度结束,进入下一个周期,而当 $L_{queue}=0$ 时,说明本周期所有队列的服务都结束;若此时 $T_{left}\neq 0$,则空发剩余时段,直到 $T_{left}=0$,新的交换机周期开始。

优先级-时间片调度结合了目前 MVB 调度中的时间片分配方式,符合列车数据发送规律,通过3种数据队列的分类,可以采用排队论进行实时性能分析,得出网络在工作常态下的平均排队时延,避免了采用网络演算法只能得到最大时延的问题。

4.3.2 二级调度——最小截止期优先

二级调度是队列内的调度,本书提出对两个实时数据队列采用非抢占式 EDF 调度算法,而非实时数据队列还采用 FCFS 调度方法,实时队列的 EDF 调度实现方法为:

在交换机节点的 MAC 层之上添加实时 RT 层,其作用主要是记录和计算数据的截止期。源节点在发送数据时将其绝对截止期记录在应用层数据中,交换机节点通过实时 RT 层计算该数据的端到端时延得到其到达交换机的截止期,并将其记录在交换机的实时 RT 层截止期字段中。增加了 RT 层的协议栈模型如图 4-4 所示,添加了截止期字段的数据帧格式如图 4-5 所示。

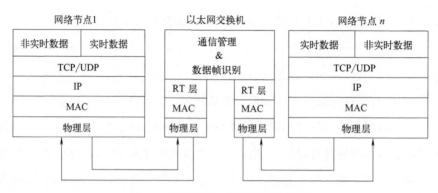

图 4-4 增添了 RT 层的协议栈模型

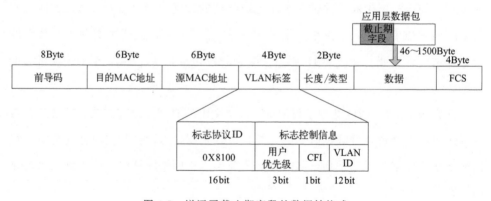

图 4-5 增添了截止期字段的数据帧格式

按照列车数据的分类和本书的设计,交换机的输出端口设置 3 个缓冲队列,从输入端口进入交换机的数据,在根据地址转发至相应输出端口时,要按照其优先级的不同进入不同队列,在每个实时队列里采用非抢占式 EDF 调度算法,而非实时队列则仍采用 FCFS 算法。

4.4 采用网络演算计算实时数据帧的最大端到端时延

本节采用网络演算法计算两级调度算法下实时数据帧的最大端到端时延,并与 2.5.3 小节采用 FCFS 调度方式下的最大端到端时延对比。其他计算参数与 2.5.3 小节相同,而本节的截止期取为数据的周期,为了反映不同截止期数据的时延,本节假设各交换机下的 7 个电子控制单元发送周期为 10ms 的实时周期数据帧,8 个电子控制单元发送周期为 5ms 的实时周期数据帧,实时数据帧长同样取 64Byte,则这两种实时周期数据流的到达曲线分别为

$$\alpha_{cycle}^1(t) = 8400t + 84 \text{Byte/s} \quad (4-1)$$

$$\alpha_{cycle}^2(t) = 16800t + 84 \text{Byte/s} \quad (4-2)$$

同样,采用漏桶管制对实时非周期数据与非实时数据进行流量控制,使它们的平均发送速率为 20 个/s,至多连续发送 10 个数据帧,非实时数据帧取为 1522Byte,则它们的到达曲线分别为

$$\alpha_{aperiodic}(t) = 1680t + 840 \text{Byte/s} \quad (4-3)$$

$$\alpha_{nrt}(t) = 1680t + 15420 \text{Byte/s} \quad (4-4)$$

计算方法也类似式（2-18）～式（2-25）,只是式（2-17）要做相应修改,由于实时数据帧与非实时数据帧分时传输,且同一实时队列采用 EDF 调度算法,有

$$T_{mux} = \frac{l_{mindl}}{C_{max}} \quad (4-5)$$

式中,l_{mindl} 指同一队列中截止期最小的数据帧（一个或多个）的帧长（或多个帧长的和）。

对于实时周期数据,其在交换机本队列的最大排队时延出现在:

该数据是周期（即截止期）为 10ms 的数据中最后一个到达的,且其前面有 8 个周期为 5ms 的数据,则其排队时延为

$$T_q^{cycle} = 94.08 \mu s$$

实时周期数据在交换机的排队时间还包括等待本队列时间片到来的时间,假设交换机周期为 1ms,则该时间最大为 0.4ms。

包括源节点协议栈的处理时间等参数在内的车辆级通信中实时周期数据帧的

最大端到端时延为

$$T_{\text{delay}}^{\text{vehicle-cycle}} = 0.64458\text{ms}$$

列车级通信中的实时周期数据帧的最大端到端时延为

$$T_{\text{delay}}^{\text{train-cycle}} = 2.27757\text{ms}$$

可见，采用两级调度后，实时周期数据在车辆级通信和列车级通信的传输时延均降低（$T_{\text{delay}}^{\text{vehicle-cycle}} = 0.64458\text{ms} < T_{\text{delay}}^{\text{vehicle}} = 18.47202\text{ms}$，$T_{\text{delay}}^{\text{train-cycle}} = 2.27757\text{ms} < T_{\text{delay}}^{\text{train}} = 78.82209\text{ms}$），同理也可以推导出实时非周期数据的时延降低，能满足本书提出的高标准时延约束条件。

进一步，考虑列车通信网络初运行功能的特定需求，列车级 ETBN 节点的设置可能不同于图 2-8 所示的设计。例如，当一辆 16 编组的列车的每节车辆之间都需要解锁重联时，每节车辆都要设置一个 ETBN 节点，此时头尾车之间传输的实时周期数据帧的列车级最大端到端时延为 $T_{\text{delay}}^{\text{train-cycle\_16}} = 9.89819\text{ms}$，考虑裕量，这一时延不能确保满足本书提出的高标准时延约束条件，交换机两级调度算法具有一定的局限性。

4.5 采用排队论计算数据的平均端到端时延

网络演算法主要计算在最坏情况下的端到端时延，计算结果较为保守，本书第 2 章和第 3 章结合网络演算法设计了列车通信网络的拓扑结构，确保了在交换机采用 FCFS 调度算法下最大端到端时延满足列车通信网络的实时性需求，通过上一节计算表明采用两级调度算法后，网络演算计算的最大端到端时延也有所降低。而实际上，网络只有在少数情况下才处于最坏状态，除分析最大端到端时延之外，同时分析平均端到端时延将更有意义。本书将列车数据分成 3 个队列，可以采用排队论分析网络在工作常态下的平均端到端时延。针对列车通信的 3 种数据，本节选用 G/D/1 排队模型分析数据在交换机的排队时延。

4.5.1 交换机数据的 G/D/1 排队模型

排队模型是采用排队论建立的针对排队系统的数学模型，可以分析排队系统的性能，帮助优化排队方式。

(1) 排队系统的组成

排队系统由 3 个基本部分组成：输入过程、排队规则和服务机构，如图 4-6 所示。

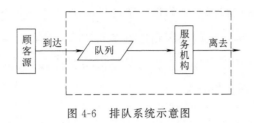

图 4-6 排队系统示意图

① 输入过程。

输入过程用来描述顾客来源以及顾客到达排队系统的规律。

② 排队规则。

排队规则用来描述服务机构是否允许排队及排队中的服务顺序。一般有 3 种情形：损失制系统，不允许顾客排队；等待制系统，允许顾客排队，服务完离开；混合制系统，只允许有限个顾客排队。而在等待制系统中，相应的服务规则又有 4 种：先到先服务（FCFS）、后到先服务（LCFS）、随机服务、有优先权的服务（PS）。

顾客在系统中的等待时间和服务规则有关，本书所讨论的列车通信网络交换机排队系统采用的排队规则是有优先权的服务规则。

③ 服务机构。

服务机构由几个主要属性构成：服务台的数目、多个服务台采用串联服务还是并联服务方式、接收服务的顾客是成批的还是单个的、服务时间服从何种分布、顾客们接受服务的时间是否独立。

(2) 排队系统的基本动态行为

一个排队系统包括到达过程和服务过程两个基本动态行为。

(3) 排队系统的两个基本参数

这里先定义排队系统的两个基本参数，这两个参数反映了排队系统两个基本动态行为的特点。

① 顾客到达率 λ：是指单位时间内平均到达排队系统的顾客数目。

② 服务台服务速率 μ：是指单位时间内由一个服务台进行服务所离开排队系统的平均顾客数。

(4) 简单流排队系统

如果顾客的输入过程满足平稳性、稀疏性和无后效性 3 个条件，则称该输入为简单流排队系统。简单流的顾客到达概率服从泊松分布，顾客到达间隔时间和服务时间概率都服从负指数分布，因此简单流系统符合 M/M/1 排队模型，其在 t 时间内到达 n 个顾客的概率为

$$P_n(t) = \frac{(\lambda t)^n}{n!} e^{-\lambda t}, n=0,1,\cdots \tag{4-6}$$

即参数为 λ 的泊松分布。由概率论可知，泊松分布的参数即均值，λ 就是顾客到达率。

(5) 列车数据在交换机的排队模型

根据 2.3.2 小节的分析，基于交换式以太网的数据端到端时延中的主要分量是交换机的时延 T_{switch}。T_{switch} 由交换时延 T_{switch}^{basic} 和排队时延 T_{switch}^{queue} 两部分构成。其中，T_{switch}^{basic} 由交换机的性能和转发方式确定，对于确定的交换机这个参数是固定的；而排队时延 T_{switch}^{queue} 则是个变量，与交换机的调度算法有关。

通过 4.2 节的分析及排队系统的定义可知，列车通信网络中交换机的队列调度符合排队系统的特征，可以用排队论来分析交换机排队时延。其中，3 种数据流到达交换机的 3 个队列可以看作是到达过程，调度器对队列数据的调度转发可以看作是服务过程。

根据列车数据的传输特点，在每个交换机的输出端口 3 种数据流的到达是一般独立分布的，而对每一种选定的服务都是定长时间分布，服务台（即调度器）只有 1 个，根据定义，本书所述的交换机排队机制是一种特殊的简单流系统，符合 G/D/1 模型。实时周期数据流的到达是周期性的，也就是定长时间分布，$\lambda_1 = 1/T$，而实时非周期数据流和非实时数据流的到达是随机的，服从参数分别为 λ_2 和 λ_3 的泊松分布，3 种数据流之间一般独立。对每一种数据流的服务都是定长时间分布，定长服务速率 μ 取决于交换机的输出端口速率。

在计算 T_{switch}^{queue} 的基础上，结合式 (2-1) 就可以得到分级调度方式下的平均端到端时延。

4.5.2 G/D/1 排队模型中的交换机排队时延

排队系统的平均排队时延为平均等待时延和服务时间的总和。根据本书调度算法的设计,对于队列 Q_i 的最大平均排队时延出现在 Q_i 的数据到达时,恰好 Q_i 的队列时间片结束,开始进入下一个队列时间片,那么 Q_i 的最大平均排队时延 W_{mai} 为

$$W_{mai} = W_{tsi} + W_i + \overline{X} \tag{4-7}$$

式中,W_{tsi} 是等待本队列时间片到来的最大时间;W_i 是本队列数据流的平均等待时间;$\overline{X}$ 是本队列数据流的平均服务时间(交换机 3 个队列的数据都是以数据流的形式到达的,同一队列中根据数据流的截止期不同还分为多个数据流)。

首先假设,当队列 Q_i 的某数据流到达时,正处于本队列的时间片,来计算该数据流的平均等待时间 W_i。在 G/D/1 排队系统中,假设队列 Q_i 中多个数据流的服务时间是 X_i,X_i 是独立分布的定长服务,并且与到达间隔相互独立。令 $X = \{X_1, X_2, \cdots, X_n\}$,则服务时间的均值和二阶矩为

服务时间的均值:
$$\overline{X} = E\{X\} = \frac{1}{\mu} \tag{4-8}$$

服务时间的二阶矩:
$$\overline{X^2} = E\{X^2\} \tag{4-9}$$

在 G/D/1 排队系统中,队列 Q_i 的数据流平均等待时间为

$$W_i = \frac{\lambda \overline{X^2}}{2(1-\rho)} \tag{4-10}$$

式中,ρ 是排队强度,$\rho = \lambda/\mu = \lambda \overline{X}$。

对于 Q_{RTC} 和 Q_{RTA},由于其采用 EDF 优先级调度算法,假设有 k 个优先级,则对于优先级为 k 的数据流其平均等待时间可表示为

$$W_k = R + \rho_1 W_1 + \rho_2 W_2 + \cdots + \rho_{k-1} W_{k-1} + \rho_k W_k + (\rho_1 + \rho_2 + \cdots + \rho_{k-1}) W_k \tag{4-11}$$

式中,R 为同一个队列中优先级相同(即截止期相同)的数据流的平均剩余服务时间,$R = \frac{1}{2} \sum_{i=1}^{n} \lambda_i \overline{X_i^2}$;最后一项是该 k 优先级数据在等待过程中,新到达

的 $1\sim(k-1)$ 优先级数据流的平均排队时间；中间各项表示 $1\sim k$ 优先级分组的平均排队时间。

根据式（4-13）可计算得到队列 Q_i 中第 k 优先级的数据流的平均等待时间为

$$W_k = \frac{R + \rho_1 W_1 + \rho_2 W_2 + \cdots + \rho_{k-1} W_{k-1}}{1 - \rho_k - (\rho_1 + \rho_2 + \cdots + \rho_{k-1})} \quad (4\text{-}12)$$

第 k 优先级数据流的平均排队时延为该数据流的平均等待时延和服务时间的总和，即

$$T_k = \frac{1}{\mu_k} + W_k \quad (4\text{-}13)$$

各类优先级分组的平均排队时延为

$$T_d = \frac{\lambda_1 T_1 + \lambda_2 T_2 + \cdots + \lambda_n T_n}{\lambda_1 + \lambda_2 + \cdots + \lambda_n} \quad (4\text{-}14)$$

对于 3 种队列 Q_{RTC}、Q_{RTA} 和 Q_{NRT}，等待本队列时间片到来的最大时间分别为 $0.4T$（T 为交换机周期）、$0.7T$ 和 $0.95T$，则 3 种队列的最大平均排队时延为

$$W_{\text{maRTC}} = 0.4T + T_{\text{dRTC}} \quad (4\text{-}15)$$

$$W_{\text{maRTA}} = 0.7T + T_{\text{dRTA}} \quad (4\text{-}16)$$

$$W_{\text{maNRT}} = 0.95T + \frac{\lambda \overline{X^2}}{2(1-\rho)} + \overline{X} \quad (4\text{-}17)$$

4.5.3 基于 G/D/1 排队模型的交换机排队时延实例计算

结合列车通信网络的数据传输特点给出一个计算列车交换机排队时延的实例。网络拓扑结构采用图 2-8 所示的设计，交换机采用上述具有优先级队列的存储转发方式，输入输出端口速率均为 10Mbps，交换机周期设为 1ms。根据以太网标准 IEEE 802.3 的规定，以太网帧长度为 64～1522Byte，计算时还需包括 8Byte 帧前同步码和 12Byte 帧间隙。

目前我国常用的列车通信网络 MVB 传输周期性过程数据的特征周期为 2^n ms（$n \leqslant 10$），据此我们假设列车中有发送周期分别为 8ms 和 16ms 的实时周

期数据（取截止期为周期），帧长都为 64Byte，分别由 5 个数据构成实时周期数据流；列车中有一种实时非周期数据，其到达概率服从均值为 10ms 的泊松分布，帧长也为 64Byte，由 10 个数据构成实时非周期数据流；列车中有一种非实时数据，其到达概率也服从均值为 10ms 的泊松分布，帧长为 256Byte，由 5 个数据构成实时非周期数据流。根据 4.3.2 小节的分析可以计算出 3 种数据流的排队参数，如表 4-2 所示。

表 4-2 列车通信网络中 3 种数据流的排队参数

数据流类型	到达率 λ_i /(个/s)	服务速率 μ_i /(个/s)	平均服务时间 $\overline{X_i}$/(s/个)	服务时间二阶矩 $\overline{X_i^2}$
实时周期数据流 1	$\lambda_{11}=125$	$\mu_{11}=1.488\times10^4$	$X_{11}=6.72\times10^{-5}$	$\overline{X_1^2}=4.516\times10^{-9}$
实时周期数据流 2	$\lambda_{12}=62.5$	$\mu_{12}=1.488\times10^4$	$X_{12}=6.72\times10^{-5}$	
实时非周期数据流	$\lambda_2=100$	$\mu_2=1.488\times10^4$	$X_2=6.72\times10^{-5}$	$\overline{X_2^2}=4.516\times10^{-9}$
非实时数据数据流	$\lambda_3=100$	$\mu_3=4.53\times10^3$	$X_3=2.208\times10^{-4}$	$\overline{X_3^2}=4.87\times10^{-8}$

应用式（4-10）、式（4-13）和式（4-14）可以求得各种数据流在分优先级传输时的平均等待时延和平均排队时延，如表 4-3 所示。

表 4-3 列车通信网络中 3 种数据流的时延计算结果

数据流类型	平均等待时延 $W_k/\mu s$	平均排队时延 $T_k/\mu s$
实时周期数据流 1	$W_{11}=2.135$	$T_{11}=69.335$
实时周期数据流 2	$W_{12}=2.126$	$T_{12}=69.326$
实时非周期数据流	$W_2=2.33$	$T_2=69.53$
非实时数据数据流	$W_3=12.74$	$T_3=233.54$

可见，通过采用本书提出的交换机分级调度算法，可以保证实时数据在时间片到来后的平均排队时延小于 $70\mu s$，根据式（4-15）和式（4-16），实时周期数据的最大平均排队时延小于 0.47ms，而实时非周期数据的最大平均排队时延小

于 0.77ms。假设采用基本时延为 50μs 的交换机，则实时周期数据和实时非周期数据在交换机中的最大平均时延分别为 0.52ms 和 0.82ms。

按照本书的设计，列车通信网络通过组交换机连接成环形拓扑，则头车和尾车数据帧的传输需经过 4 个交换机、5 段链路，每段链路传播时延 $\tau=0.25\mu$s（同 2.5.3 小节的计算），发送节点协议栈处理时间和接收节点协议栈处理时间都取为 50μs，则头车和尾车间传输的实时周期数据和实时非周期数据的最大平均时延分别为 2.18125ms 和 3.38125ms，都小于 10ms，可以满足 1.3.2 小节提出的高标准时延约束条件。

4.6 仿真测试与分析

4.6.1 仿真配置

为了验证本书提出算法的有效性，本节采用 OPNET 网络仿真软件建立列车通信网络模型，如图 4-7(a) 所示。每个子网通过组交换机连接成环形以太网结构，子网内部模型如图 4-7(b) 所示。模型中交换机 swtich 采用分级调度策略，node_0～node_4 是优先级为 7、周期为 8 ms 的实时周期数据，node_5～node_9 是优先级为 7、周期为 16ms 的实时周期数据，node_10～node_19 是优先级为 6、到达率服从均值 10ms 的泊松分布的实时非周期数据，node_20～node_24 是优先级为 5、到达率服从均值 10ms 的泊松分布的非实时数据。列车通信网络的链路模型是 10Mbps 的以太网模型。

4.6.2 仿真分析

考察在上述配置下列车通信网络的最大吞吐量：当所有节点都发送数据给 node_1 时，node_1 的接收速率为网络最大吞吐量，如图 4-8 所示。通过查看 Statistic Data 可以看到，仿真输出稳定时，node_1 的吞吐量平均值为 2.484Mbps，这一通信量远大于目前 CRH3 动车组中 MVB 总线的吞吐量。

在这种吞吐量环境下，考察交换机的平均排队时延。未采用两级调度时，3

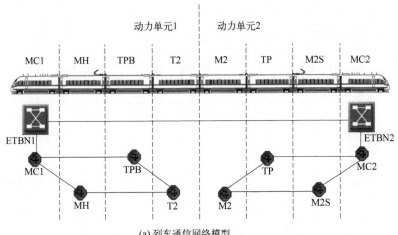

(a) 列车通信网络模型

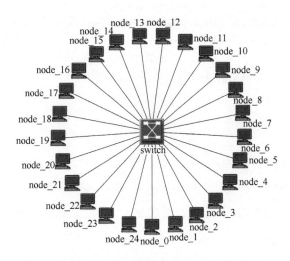

(b) 子网内部模型

图 4-7 列车通信网络模型和子网内部模型

种数据的平均排队时延如图 4-9 所示。

从图 4-9 可以看出，由于非实时数据的数据帧较大，所以排队时延最大；而实时周期数据和实时非周期数据的数据帧大小相同，故时延相差不大，但由于实时非周期数据的到达符合泊松分布，故时延波动较实时周期数据大；3 种数据的平均排队时延为 $110\mu s$。

采用两级调度后，3 种数据的平均排队时延如图 4-10 所示，可以看出：

① 非实时数据的平均排队时延从 $130\mu s$ 增大到 $210\mu s$，而实时非周期数据和

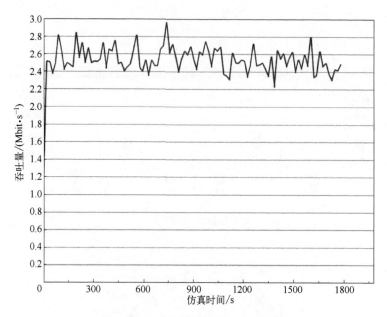

图 4-8 列车通信网络的最大吞吐率

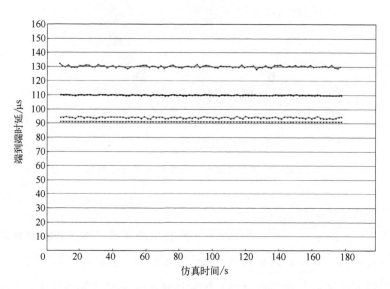

图 4-9 未采用两级调度时 3 种数据的平均排队时延

从上到下依次是非周期数据时延、3 种数据平均时延、
实时非周期数据时延和实时周期数据时延

实时周期数据的平均排队时延则分别从图 4-9 的 $95\mu s$ 和 $91\mu s$ 降低到图 4-10 的 $75\mu s$ 和 $61\mu s$，3 种数据的平均排队时延仍为 $110\mu s$。说明虽然非实时数据的时延有所增大，但同时实时数据的时延得到显著降低。

② 采用两级调度后，实时周期数据的平均排队时延约为 $61\mu s$，而非实时数据的时延约为 $210\mu s$，这与 4.5.3 小节的理论计算基本相符。

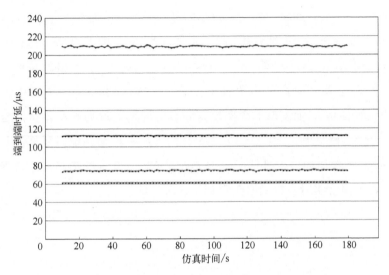

图 4-10　采用分级调度后 3 种数据的平均排队时延

从上到下依次是非周期数据时延、3 种数据平均时延、
实时非周期数据时延和实时周期数据时延

4.7　本章小结

本章首先分析了 3 种主要的实时调度算法在控制网络通信中的应用，综合不同调度算法的优势，依据列车通信网络的通信特点，提出了交换机两级调度方案。一级调度设计为优先级-时间片调度方式，解决交换机输出端口不同缓冲队列的调度顺序问题，为优先级不同的队列分配不同的时间片，避免实时非周期队列数据出现严重积压，设计了具体实现方案，其中时间片的分配借鉴了 MVB 网络的规范；二级调度为实时数据设计了最小截止期调度，解决同一个实时数据队

列里的数据转发顺序问题,保证截止期较低的实时数据的优先转发,设计了具体实现方案,其中截止期字段记录在添加的实时调度层数据包中。采用网络演算法计算了实时数据的最大端到端时延,结果比 2.5.3 小节采用 FCFS 调度方式的时延有所降低。

为考察网络的平均时延性能,本章提出了交换机队列调度的 G/D/1 排队模型。采用排队论分析证实,交换机采用两级调度后,实时周期数据的最大平均排队时延小于 0.47ms,而实时非周期数据的最大平均排队时延小于 0.77ms,头车和尾车间传输的实时周期数据和实时非周期数据的最大平均时延分别为 2.18125ms 和 3.38125ms,都小于 10ms,满足 1.3.2 小节提出的高标准时延约束条件。仿真结果表明,采用两级调度前后:非实时数据的平均排队时延从 130μs 增大到 210μs,而实时非周期数据和实时周期数据的平均排队时延则分别从 95μs 和 91μs 降低到 75μs 和 61μs,实时数据的平均端到端时延亦满足高标准时延约束,3 种数据的平均排队时延保持在 110μs。说明虽然非实时数据的时延有所增大,但同时实时数据的时延得到了显著降低。

5 基于 FQPSO 和 SMT 理论的实时周期业务调度优化

5.1 概述

为了解决基于以太网的 TCN 数据通信的实时性、确定性问题，目前国内外的研究主要采用以下方法：①提高通信速率；②系统子网化，减小网络规模，控制网络流量负载；③采用基于交换式以太网的全双工技术；④采用基于 IEEE 802.3P 的优先级调度。方法①～③可以减小网络报文碰撞或在交换机中阻塞的概率，缓解以太网的不确定性问题，但不能从根本上解决问题。方法④可以在一定程度上解决不同优先级报文之间传送的时序问题，但还是存在大型网络系统中大量同优先级数据的确定性调度问题。

时间触发调度是实时以太网中最常用，也是国际标准 IEC 61784-2 中推荐的确定性调度方法，可分为主从式轮询触发和分布式时间触发两种。传统的基于 MVB 的 TCN 采用集中控制、主从式周期性预分配的方法对总线进行介质访问。其中，周期数据的调度由唯一的总线管理主设备通过轮询静态非抢占性的周期扫描表来进行。在交换式的实时以太网中，主从式的轮询通信会增加网络负载，降低带宽利用率，因此只在 EtherCAT 和 PowerLink 等少数协议和结构中使用。多数协议采用在网络终端和交换设备中同步加载时间调度表的形式，在全局精确时间同步的基础上，实现分布式的时间触发。因此，实时调度表的生成算法与结果将直接影响 TCN 数据通信和网络控制系统的实时性和可靠性。

传输任务抖动是评价实时系统性能的最重要指标之一。根据最终调度任务抖动值的不同，调度方法也可分为严格周期调度（抖动值为零）和非严格周期调度（抖动值不为零）。严格周期调度由于只调度初相，即周期数据在宏周期中的首帧报文发送时间，因此变量空间小，计算时间短，便于管理。但另一方面，由于零抖动指标给调度施加了过于严格的约束条件，也存在带宽利用率低、调度失败率高的缺点。严格周期调度一般应用在严格安全关键系统中，如飞机的通信网络。有学者对于航空电子全双工交换式以太网（AFDX）及 TTEthernet，研究了零抖动调度表的计算方法。但在多数领域，约束范围内的抖动是允许存在的。国际标准 IEC 61375 无论对于传统的 MVB 或新型的实时以太网 TCN 的调度实时性指标，均允许毫秒级的抖动存在。

在调度的负载均衡研究方面，TCN 网络调度均衡性研究目前还集中在 MVB 中，多名学者证明了周期数据分布不均匀可能导致的负载利用率下降问题。有学者定义了周期扫描表的"宽度"与"陡度"，提出混合遗传算法与填空法相结合的调度表计算方法，优化调度表的均衡度。有学者提出"均衡总体，异化个体"的 MVB 周期扫描表计算原则，将周期相内流量的均衡度作为多目标粒子群优化的目标函数。有学者将周期扫描表的设计作为组合优化问题，将各周期相中报文长度的均匀度作为优化目标或目标之一，分别利用蚁群算法、多约束条件均匀度优先算法、免疫遗传算法及模拟退火算法进行了求解。

总的来说，目前实时以太网领域大多数的研究并未考虑宏周期内报文排列的均衡性问题。并且由于以太网中的交换机隔离了网络冲突域，其存储转发机制导致以太网不再是一个介质共享式网络，每条链路和端口都可拥有自己的时间触发调度表，大大增加了表的规模，传统的总线式调度优化方式已经不适用于实时以太网结构，需要深入研究和探讨新的优化方法。本章以提升实时以太网时间触发业务服务能力为目标，提出一种基于任务抖动和宏周期负载均衡的周期数据调度模型来构建时间触发调度表，同时提出基于模糊量子粒子群和可满足性模块理论的两级调度算法求解最优值。

5.2 周期任务调度优化建模

5.2.1 时间触发通信机理

时间触发是根据系统运行的具体时间点来触发网络通信行为，有计划地决定报文发送、接收行为的调度方式。时间触发机制将网络划分为特定的时间片。在每个时间片中，只有与其匹配的报文能够执行发送和接收，避免了其他网络流量对带宽的争用，避免报文碰撞或在交换机中的"不确定性"排队行为。相对而言，事件触发则是由系统动作触发网络通信行为。通信节点可以根据自身任务的执行情况，随时发起对网络带宽的请求，增大了报文碰撞和排队的概率，因此具有较强的不确定性。本节主要研究 TCN 中实时周期数据的时间触发调度表优化，网络中事件触发的实时非周期数据调度方法与分析将在第 6 章进行研究。

传统的 MVB 与 WTB 采用的是主从式集中介质访问控制方法，通过离线建立能够确保所有实时业务执行需要的周期扫描表，精确地规定每个信息何时发送，并由总线唯一的主节点按照调度表执行周期信息的调度，分配总线使用权。但由于以太网系统一般链路结构复杂，设备多，报文长，因此采用主从式的调度方式会增大网络开销，降低有效带宽。

本书的通信机制采用在终端设备与交换机中加载静态调度表方式，在全局时钟同步的基础上进行调度。各设备的通信角色地位平等，无主从之分，减少了调度主帧带来的网络消耗，同时任何一个设备的故障不会影响整个系统中其他设备的通信。

时间触发 TRDP 协议栈在标准以太网和 TRDP 的基础上做了如图 5-1 所示的改进。为了实现列车通信接口，TRDP 协议在标准以太网的传输层中增加了 TRDP 层，并在应用层中加入安全数据传输协议，保证关键数据传输的可靠性。为了实现 TCN 数据的时间触发调度，本书在 TRDP 协议栈的数据链路层之上再增加实时调度管理层，主要实现全局时钟同步以及管理和协同报文的发送接收过程。实时调度管理层并不改变 IEEE 802.3 中定义的 MAC 层与物理层，以保证网络与标准以太网的兼容性。

时钟同步协议在 IEEE 1588 及实时控制领域得到充分的研究，在此不再赘述。时间触发通信任务在网络中的执行流程如图 5-2 所示。周期性的过程数据（Process Data，PD）m_1 与监视数据（Supervisory Data，SD）m_2 由终端设备应用层用户分别产生，经 TRDP 协议装帧为数据帧 f_1 和 f_2，送入缓存区 $B_{1,\text{Tx}}$ 和 $B_{2,\text{Tx}}$ 准备发送。缓存区与 m_1 及 m_2 所述的业务流一一对应，防止多业务数据在一个缓存区内的排队问题。终端设备及交换机的输入端口装载了数据发送时间调

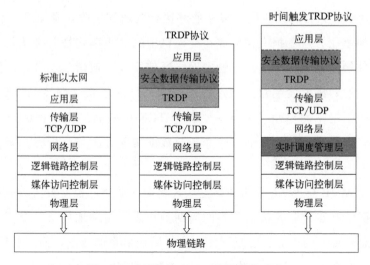

图 5-1　时间触发 TRDP 协议栈的改进

度表 S_s，包含了宏周期内通过该端口发送到链路上所有周期数据帧的调度时间。数据帧的发送必须严格遵守 S_s 的规定。

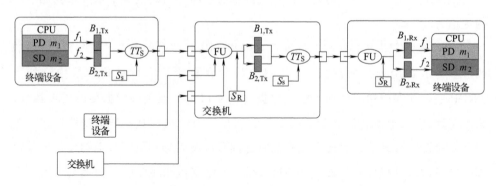

图 5-2　时间触发通信任务在网络中的执行流程

  交换机接收端口通过链路接收数据帧后，首先通过 TRDP 的实时调度管理层的过滤单元（Filter Unit，FU）对输入报文进行完整性和有效性检查，确认无误后，进入报文接收流程。交换机的输入端口装载数据接收时间调度表 S_R，包含了宏周期内通过该端口需从链路上接收的所有周期数据帧的调度时间。S_R 主要检查该数据帧是否在相关接收时间窗内到达，并丢弃时间窗外到达的帧，避免数据帧同步误差、传输时延等问题影响其他关键数据的调度。时间窗的位置与长度取决于发送时间调度表 S_s、时钟同步精度及数据帧处理速度。通过交换机 S_R 的数据帧 f_1 和 f_2，经交换单元转发，分别送入交换机缓存 $B_{1,Tx}$ 和 $B_{2,Tx}$，由 S_s 控制发送。

当 f_1 和 f_2 到达目的终端的数据链路层，经调度管理层的完整性和有效性检查后，送入接收终端的对应缓存 $B_{1,Rx}$ 和 $B_{2,Rx}$，并由接收方的应用层业务进行提取。

5.2.2 列车通信网络建模

(1) 网络结构建模

国际电工委员会将基于以太网的 TCN 拓扑定义为分级网络架构，由列车级骨干网（Ethernet Train Backbone，ETB）和编组车辆级编组网（Ethernet Consisit Network，ECN）组成。ETB 的主要功能是实现列车初运行及动态编组，包括列车骨干网节点（Train Backbone Node，TBN）及其之间的链路。ETB 的管理以及 ETB 与 ECN 的通信由 TBN 负责，每个 ECN 可连接一个或多个 TBN 以保证冗余。ETB 采用线型结构，TBN 依次相连，每个 TBN 只能与邻节点进行直接的数据交换。不相邻的 TBN 之间的通信则需要经过中间节点进行数据转发。

ECN 采用交换式以太网结构，主要功能是车辆内子系统及控制器组网，包括终端设备（End Device）、全双工链路、组网节点（Consist Network Node，CNN）、中继设备及下层子网。设备之间的通信需要经过 CNN 转发。CNN 与 TBN 直接相连，实现 ETB 与 ECN 的数据交换。一个 ECN 可以包含一节或多节车辆内的设备，不同 ECN 之间的设备进行通信时，需要通过 ETB 来进行转发。ECN 的拓扑结构根据不同的冗余等级需求可以采用线型、星型、树型、环型、并行冗余线型、并行冗余环型等多种不同的结构。拓扑结构的差异并不影响本书的研究方法。为了方便描述，本书建立一个简单的线型 ETB＋环网 ECN 模型，如图 5-3 所示。

图 5-3 中包含 1 个 TBN、3 个 CNN 和 5 个 ED。本章将物理拓扑建模为有向图 $G(V, L)$。其中，$V=ED \cup CNN$，代表所有 ED 和 CNN 交换机节点；L 代

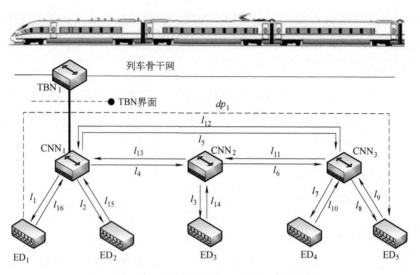

图 5-3 基于以太网的列车通信网络结构模型

表图中连接相邻 V 节点的全双工物理链路。图 5-3 中，$V=\text{ED} \cup \text{CNN}=\{\text{ED}_1, \text{ED}_2, \text{ED}_3, \text{ED}_4, \text{ED}_5\} \cup \{\text{CNN}_1, \text{CNN}_2, \text{CNN}_3\}$，$L=\{l_1, l_2, \cdots, l_{15}\}$。本章将数据帧端到端递交所通过的有向有序链路集合定义为路由链路表，在图中用虚线箭头表示。例如，图中 $dp_1 = [l_1 \rightarrow l_5 \rightarrow l_9]$，代表 ED_1 到 ED_5 的路由链路表的链路 l_1、l_5、l_9 按顺序组成。

(2) 报文参数

终端设备应用层之间的周期通信任务由下层数据帧负责执行。设所有周期数据帧集合为 F，则对于任意周期数据帧 $f_i \in F$，其报文的时间参数为

$$f_i = \{r_i, d_i, len_i, o_i, T_i\} \tag{5-1}$$

式中，r_i 为消息接受调度的最早时间，即数据业务的释放时间；d_i 表示从源节点发送数据开始，到数据帧被目的节点完全接收的端到端截止期；o_i 为消息对链路的占用时长，$o_i = len_i \times b_{\text{TD}} + T_{\text{GAP}}$，$len_i$ 表示帧长，b_{TD} 表示每比特的传输时间，取 $0.010 \mu s$，T_{GAP} 表示数据帧保护间隔，取 $1.120 \mu s$；T_i 为消息的周期。

在基于 IEEE 1588 精确时钟同步的前提下，全局网络通信时间可以划分为通信宏周期 T_{Mp}，等于网络中所有业务周期的最小公倍数。此外，本书为每条链路

定义了各自的基本周期,用来实现宏周期负载均衡的优化,用 T_{bp} 表示。T_{bp} 等于该链路上所有业务周期的最大公约数。T_{Mp} 在数值上是 T_{bp} 的整数倍。

(3) 以太网时延构成

由于 ECN 采用了交换式以太网结构,本小节分析数据帧在 ECN 中的端到端时延构成,为后续的时态约束模型提供参数依据。标准以太网的数据帧在交换机中的传输由两个过程组成:基本时延 T_{switch}^{basic} 和排队时延 T_{switch}^{queue}。基本时延包括数据被输入队列接收的时延 T_{switch}^{RxD},转发表查询,建立交换结构后转发至输出队列的时延 T_{switch}^{mux},以及被输出队列发出的时延 T_{switch}^{TxD} 3 部分。基本时延依赖于交换机的生产厂家、交换性能及交换机制,一般是一个相对固定的值。例如,Cisco Catalyst1900 存储转发交换机基本时延约为 $70\mu s$,Profinet CP-1616 直通转发交换机的 T_{switch}^{RxD} 约为 $0.363\mu s$,T_{switch}^{TxD} 约为 $1.192\mu s$,T_{switch}^{mux} 约为 $1.720\mu s$。排队时延为数据帧在输出端口的排队等待发送的时间,与调度策略有直接关系。对于时间触发调度机制来说,数据帧在交换机内的排队时延由时间触发调度表来决定,可以是 0,也可以是一个确定的值,因此总时延具有确定性。

除了交换机时延外,数据帧端到端时延还应该包括在源节点、交换机以及目的节点中的时延,具体构成如图 5-4 所示。

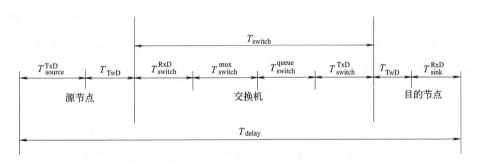

图 5-4 数据帧在交换式以太网中传输的端到端时延分量图

图 5-4 中,T_{delay} 为端到端总时延;T_{source}^{TxD} 为源节点发送时延;T_{sink}^{RxD} 为目的节点接收时延;T_{TwD} 为双绞线传输时延,$T_{TwD} = L \times T_{bit}$,$L$ 为双绞线长度,T_{bit} 为 1 比特数据传输时延,典型值取 $0.01\mu s/m$。

为了便于建立链路约束模型,本节以报文的发送时间点为分割点,将端到端时延分解为各链路传输时延，包括两端设备的发送、接收时延，双绞线传输时延以及交换机交换时延，则链路 l_k 上的传输时延 T_{LD}^k，定义如下：

$$T_{LD}^k = T_{TxD} + T_{TwD}^k + T_{RxD} + T_{switch}^{mux} + T_{ad} \quad (5-2)$$

式中，T_{TwD}^k 为链路 l_k 的双绞线时延；T_{TxD} 为数据帧来源端 l_k 所连接的设备发送时延；T_{RxD} 为数据帧目的端 l_k 所连接的设备发送时延；T_{ad} 表示为时钟同步误差提供的安全裕量值，取 $1\mu s$。若 l_k 目的方一端连接的接收设备为交换机，则 T_{switch}^{mux} 为交换机转发时延；若其连接的接收设备为目的节点，则 $T_{switch}^{mux} = 0$。

5.2.3 任务调度约束条件

(1) 时间触发业务的调度约束

时间触发调度表的调度对象是实时周期数据帧在每条链路上的发送时刻，最基本的约束是无冲突约束，即在任意一条链路上的任意时刻，只能有一帧数据占用链路进行通信，不同数据帧的传输时间片互不重叠。除此之外，为了满足实时性、可靠性及业务自身需求，还需满足以下时态约束。

① 初相时刻约束。

周期数据的第一帧经过所有路由链路到达目的节点时，其在链路上的调度时刻应约束在第一个周期内。$\forall f_i \in F$，$\forall l_k \in dp_i$，定义 $s(i,1,l_k)$ 为宏周期内，报文 f_i 第一周期数据帧在链路 l_k 上的发送时刻，则有约束如下：

$$0 \leqslant s(i,1,l_k) \leqslant T_i - o_i \quad (5-3)$$

② 路径依赖约束。

时间触发数据帧在链路上的传播具有顺序性，并且在相邻链路之上的发送时间具有有界的单跳时延。单跳时延下界 $\min(hop\_delay)$ 由链路传输时延 T_{LD}^k 决定，单跳时延上界 $\max(hop\_delay)$ 由交换机的内存大小决定。$\forall f_i \in F$，定义 l_k' 为 l_k 在 dp_i 中相邻的顺序接续单跳链路，$s(i,j,l_k)$ 和 $s(i,j,l_k')$ 分别为宏周期内，报文 f_i 第 j 周期数据帧在链路 l_k 和 l_k' 上的发送时刻，则有约束如下：

$$\min(hop\_delay) \leqslant s(i,j,l'_k) - s(i,j,l_k) \leqslant \max(hop\_delay) \qquad (5\text{-}4)$$

③ 截止期约束。

对于实时周期数据，截止期约束限定了数据帧从源节点开始发送，到目的节点接收完成的最大端到端传输延迟。$\forall f_i \in F$，定义 l_1 与 l_n 为 dp_i 的首末链路，则有约束如下：

$$s(i,j,l_1) - s(i,j,l_n) \leqslant d_i - o_i \qquad (5\text{-}5)$$

④ 同步多播约束。

对于多播和广播业务，时间触发数据帧由交换节点向多条路径上发送的时刻相同。定义 $l_k^1, l_k^2, \cdots, l_k^n$ 为多播数据路由链路表 dp_i 上连接到同一交换机节点的 n 条分叉链路，则有约束如下：

$$s(i,j,l_k^1) = s(i,j,l_k^2) = \cdots = s(i,j,l_k^n) \qquad (5\text{-}6)$$

(2) 时态约束条件模型

为了进行有约束的多目标优化问题求解，必须将网络中所有的时态约束形式化地描述为统一的数学形式。本书将实时业务数据帧的时态约束模型建立为权重有向图 $G(V,E)$，数据帧在链路上传输任务集合用顶点集 V 表示，数据帧之间的时态约束关系集合用有向边集 E 表示，有向边的权重 $w_i(l_j,l_k)$ 表示任务 $f_i(l_j)$ 与其后续任务 $f_i(l_k)$ 之间的时延约束；$w_i(l_k,l_j)$ 为 $f_i(l_j)$ 与 $f_i(l_k)$ 之间的截止期，且满足

$$\begin{aligned} s_i(l_k) - s_i(l_j) \geqslant w_i(l_j,l_k) \geqslant 0 \\ 0 \geqslant s_i(l_j) - s_i(l_k) \geqslant w_i(l_k,l_j) \end{aligned} \qquad (5\text{-}7)$$

本书将任务执行的时间顺序定义为有向边的正方向，当有向边权重为正时，表示后续任务 $s_i(l_k)$ 相对于 $s_i(l_j)$ 的时延最小值为 $w_i(l_j,l_k)$，$w_i(l_j,l_k) = T_{\text{LD}}^k$。对于直通转发模式，存在 $w_i(l_j,l_k) < T_{\text{LD}}^k$，即数据帧未被交换机完全接收即开始下一链路的发送过程。本书只考虑存储转发的情形。

当有向边权重为负时，表示为了保证截止期约束，后续任务的发送时间 $s_i(l_k)$ 相比于 $s_i(l_j)$ 的滞后必须不大于 $|w_i(l_k,l_j)|$。对于端到端截止期来说，l_j 是数据通信路径上与源节点相连的第一条链路，l_k 是与目的节点相连的最后

一条链路，$w_i(l_k,l_j)=-(d_i-o_i)$。

为方便描述，本书在图 5-3 的网络结构中安排 5 条周期业务数据，其任务组成与时态约束条件如表 5-1 所示。M1～M4 数据帧长设为 72Byte，M5 数据帧长设为 134Byte，则有 $p_1=p_2=p_3=p_4=6.88\mu s$，$p_5=11.84\mu s$。

表 5-1 周期数据任务与约束条件

周期数据	源设备/目的设备	任务组成	$r_i/\mu s$	$d_i/\mu s$	$p_i/\mu s$	$T_i/\mu s$
M1	ED_1-ED_5	$l_1 \rightarrow l_5 \rightarrow l_9$	1.00	17.00	6.88	32.00
M2	ED_3-ED_5	$l_3 \rightarrow l_6 \rightarrow l_9$	13.00	19.00	6.88	64.00
M3	ED_1-ED_2	$l_1 \rightarrow l_{15}$	8.00	*	6.88	32.00
M4	ED_1-ED_3	$l_1 \rightarrow l_4 \rightarrow l_{14}$	20.00	*	6.88	64.00
M5（广播）	ED_2-{ED_1,ED_3,ED_5,ED_4}	$l_2 \rightarrow l_{16}$, $l_2 \rightarrow l_4 \rightarrow l_{14}$, $l_2 \rightarrow l_5 \rightarrow l_9$, $l_2 \rightarrow l_5 \rightarrow l_{10}$	5.00	{*,24.00,24.00,22.00}	11.84	128.00

注："*"表示该项无约束。

根据图 5-3 网络拓扑模型，分解周期数据传输的任务构成，可确定有向图的顶点与有向边；将式中数据帧对链路的占用时长 o_i 作为有向图顶点的取值；将权重 $w_i(l_j,l_k)$ 和 $w_i(l_k,l_j)$ 作为有向边的取值，建立时态约束有向图，如图 5-5 所示。

图 5-5 中增加了虚拟任务 $f_0(l_0)$，用以标记宏周期的开始时间，顶点取值为 0。顺序链路集 $\{l_1 \rightarrow l_5 \rightarrow l_9\}$ 表示周期数据 M1 在 TCN 中的单播传输约束。同理，顺序链路集 $\{l_3 \rightarrow l_6 \rightarrow l_9\}\{l_1 \rightarrow l_{15}\}\{l_1 \rightarrow l_4 \rightarrow l_{14}\}$ 分别代表单播周期数据 M2、M3、M4 在网络中的传输约束，链路集 $\{l_2 \rightarrow \{l_{16},l_4 \rightarrow l_{14},l_5 \rightarrow \{l_9,l_{10}\}\}\}$ 则代表广播周期数据 M5 在网络中的传输约束。

将图 5-5 中有向边的权重构成权重矩阵，表示周期数据在网络中传输时，链路任务间的所有时态约束，如图 5-6 所示。矩阵元素为"*"，表示该数据业务

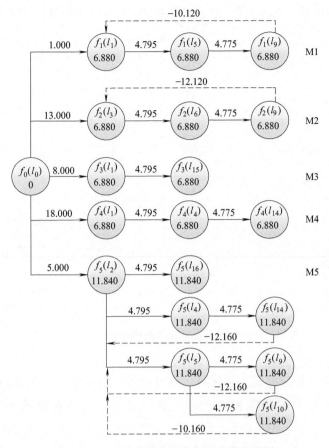

图 5-5 基于时态约束的任务调度表有向图

在矩阵行列所代表的链路传输任务之间不存在约束关系。前面提到的 TCN 时间触发业务所有调度约束，均可建立如图 5-6 形式化统一的模型。

5.2.4 抖动与负载均衡目标

5.2.3 小节建立了 TCN 结构下，周期通信任务的时态约束模型，本小节主要在满足约束的条件下建立通信任务抖动与负载均衡模型。TCN 的周期数据包括监视数据与过程数据，均为关系列车运行控制的关键性数据，调度表首先应保证的是时间触发周期性消息的实时性与确定性，其次是在基本周期内保留更多、更均衡的空闲时隙，以提高调度的成功率，同时容纳可能会出现的新增

	$f_0(l_0)$	$f_1(l_1)$	$f_1(l_5)$	$f_1(l_9)$	$f_2(l_3)$	$f_2(l_6)$	$f_2(l_9)$	$f_3(l_{15})$	$f_4(l_1)$	$f_4(l_4)$	$f_4(l_{14})$	$f_5(l_2)$	$f_5(l_{16})$	$f_5(l_4)$	$f_5(l_{14})$	$f_5(l_5)$	$f_5(l_9)$	$f_5(l_{10})$
$f_0(l_0)$	*	*	−33.12	*	*	−23.12	*	*	*	−28.12	*	*	*	*	*	*	*	−33.16
$f_1(l_1)$	1.00	*	*	−10.12	*	*	*	*	*	*	*	*	*	*	*	*	*	*
$f_1(l_5)$	*	T_{LD}^1	*	*	*	*	*	*	*	*	*	*	*	*	*	*	*	*
$f_1(l_9)$	*	*	T_{LD}^5	*	*	*	*	*	*	*	*	*	*	*	*	*	*	*
$f_2(l_3)$	13.00	*	*	*	*	−12.12	*	*	*	*	*	*	*	*	*	*	*	*
$f_2(l_6)$	*	*	*	*	T_{LD}^3	*	*	*	*	*	*	*	*	*	*	*	*	*
$f_2(l_9)$	*	*	*	*	*	T_{LD}^6	*	*	*	*	*	*	*	*	*	*	*	*
$f_3(l_1)$	8.00	*	*	*	*	*	*	*	*	*	*	*	*	*	*	*	*	*
$f_3(l_{15})$	*	*	*	*	*	*	T_{LD}^1	*	*	*	*	*	*	*	*	*	*	*
$f_4(l_1)$	18.00	*	*	*	*	*	*	*	*	*	*	*	*	*	*	*	*	*
$f_4(l_4)$	*	*	*	*	*	*	*	T_{LD}^1	*	*	*	*	*	*	*	*	*	*
$f_4(l_{14})$	*	*	*	*	*	*	*	*	T_{LD}^1	*	*	*	*	*	*	*	*	*
$f_5(l_2)$	5.00	*	*	*	*	*	*	*	*	*	*	−12.16	−12.16	−10.16	*	*	*	*
$f_5(l_{16})$	*	*	*	*	*	*	*	*	*	*	*	T_{LD}^2	*	*	*	*	*	*
$f_5(l_4)$	*	*	*	*	*	*	*	*	*	*	*	T_{LD}^2	*	*	*	*	*	*
$f_5(l_{14})$	*	*	*	*	*	*	*	*	*	*	*	*	*	T_{LD}^4	*	*	*	*
$f_5(l_5)$	*	*	*	*	*	*	*	*	*	*	*	T_{LD}^2	*	*	*	*	*	*
$f_5(l_9)$	*	*	*	*	*	*	*	*	*	*	*	*	*	*	*	T_{LD}^5	*	*
$f_5(l_{10})$	*	*	*	*	*	*	*	*	*	*	*	*	*	*	*	*	T_{LD}^5	*

图 5-6 调度任务间的时态约束

周期业务或其他业务流量。优化目标是寻找周期数据帧在每条链路上的发送时刻，使其在满足时态约束的条件下，抖动最小，并尽可能在宏周期内均匀分布。

非严格周期调度符合组合优化特征，是典型的 NP-complete 问题，网络中设备多、链路多、需要调度的数据流与数据帧也很复杂，通常很难通过总线式的调度优化方式，用启发式算法或最优化算法直接求解，尤其是难以满足无碰撞约束。有学者按照传统总线式优化的思路，将时间触发调度的计算建立为有约束的多目标优化问题，并分别利用混合遗传算法和粒子群模拟退火算法直接求解。缺点是只能解决严格周期业务，并且求解流量小、计算时间长、不易收敛。本书提出两级调度算法，首先将每条链路上的数据帧分配给基本周期，再通过可满足性模块理论解决它们的无碰撞约束问题。

有学者将周期性数据非等间隔传输而造成的数据波动定义为传输抖动。定义 $s(i,1,l_k)$ 和 $s(i,j,l_k)$ 为周期业务 f_i 第 1 周期和第 j 周期数据帧，在链路 l_k 上的发送时间点，l_k 上的数据帧抖动如下：

$$J(l_k) = \sum_{i=1}^{M} \sum_{j=1}^{T_{Mp}/T_i} \left| \frac{s(i,j,l_k) - s(i,1,l_k) - (j-1)T_i}{T_i} \right| \quad (5\text{-}8)$$

式中，M 为 l_k 上的数据帧总和；T_i 为业务周期；T_{Mp} 为调度表宏周期。由于周期业务的抖动评价指标一般与其周期长度有关，因此本书将绝对抖动值除以业务周期，表示数据帧的相对抖动。

为了尽量减小周期数据帧在链路上分布的不均匀度，本书将各数据帧分配到宏周期的基本周期内，并用各基本周期内数据帧总长度的标准差来衡量链路 l_k 负载的均衡度，如下所示：

$$B(l_k) = \sqrt{\frac{1}{N_k} \sum_{j=1}^{N_k} \left(\frac{1}{N_k} \sum_{j=1}^{N_k} \sum_{i=1}^{M} o_i(r) - \sum_{i=1}^{M} o_i(r) \right)^2} \quad (5\text{-}9)$$

式中，N_k 为宏周期内链路 l_k 上基本周期的个数，用 $T_{bp,k}$ 表示 l_k 上基本周期的长度，则 $N_k = T_{Mp}/T_{bp,k}$；$o_i(r)$ 表示第 r 个基本周期内周期业务 f_i 的链路占用时间，$\forall r \in [1, N_k]$，如果第 r 个基本周期内没有 f_i，则 $o_i(r) = 0$。

综上，对于列车通信网络而言，L 为所有双向链路集合，$\forall l_k \in L$，最终的调度优化模型如下所示：

$$\min F(l_k) = a_1 \frac{J(l_k) - J(l_k)_{\min}}{J(l_k)_{\max} - J(l_k)_{\min}} + a_2 \frac{B(l_k) - B(l_k)_{\min}}{B(l_k)_{\max} - B(l_k)_{\min}}$$

$$\text{s.t.} \sum_{i=1}^{M} o_i(r) \leqslant T_{bp,k} \quad (1)$$

$$s_i(l_k) - s_i(l_j) \geqslant w_i(l_j, l_k), s_i(l_j) - s_i(l_k) \geqslant w_i(l_k, l_j) \quad (2)$$

$$a_1 + a_2 = 1, a_1 \geqslant 0, a_2 \geqslant 0 \quad (3)$$

$$(5\text{-}10)$$

式中，$F(l_k)$ 是链路 l_k 上的优化目标函数；$J(l_k)$ 是式（5-8）的抖动目标，$J(l_k)_{\max}$ 和 $J(l_k)_{\min}$ 分别是 $J(l_k)$ 的最大最小值；$B(l_k)$ 是式（5-9）的负载均衡目标，$B(l_k)_{\max}$ 和 $B(l_k)_{\min}$ 分别是 $B(l_k)$ 的最大最小值；有向边的权重 $w_i(l_j, l_k)$ 表示任务 $f_i(l_j)$ 与其后续任务 $f_i(l_k)$ 之间的时延约束，$w_i(l_k, l_j)$ 为 $f_i(l_j)$ 与 $f_i(l_k)$ 之间的截止期，且满足式(5-7)。a_1 和 a_2 是目标函数的加权因子，反映优化目标对不同系统性能的需求。

式（5-10）中约束函数（1）表示基本周期内的数据帧总长度不能溢出；约

束函数（2）为数据帧的时态约束条件。

式（5-10）是一个高维空间的最优化问题，5.3 节将提出一种新的方法来更有效地求取问题的最优解。

5.3 模糊控制量子粒子群算法

粒子群优化（Particle Swarm Optimization，PSO）算法是一种基于种群的优化技术。它由一组随机解初始化，通过模拟鸟群或鱼群的社会行为，并通过更新个体在群体中的位置来搜索最优解。量子粒子群算法（Quantum-behaved Particle Swarm Optimization，QPSO）是受量子空间中粒子行为的启发，在 PSO 算法基础上提出的一种新型算法。QPSO 算法将量子空间中每个粒子的位置作为参考可行解之一，由波函数确定粒子位置坐标，且状态遵循叠加原理，相比标准 PSO 算法而言，该算法具有更强的随机性和智能化程度。

收缩-扩张（Contraction-Expansion，CE）系数是 QPSO 中除了种群大小、粒子维数和最大迭代次数之外，唯一受人工控制的参数，其控制策略对算法的性能有很大影响。有学者证明了 CE 系数必须小于 1.781 才能使粒子可靠地收敛。有学者提出了 CE 系数的动态非线性递减控制策略，根据不同优化问题的特点，采用不同的凹凸控制曲线。然而，有学者提出的固定、线性或非线性递减都是通过仿真实验或经验公式得到的非反馈控制策略，这种系数控制策略自调节能力弱，不能根据搜索阶段的变化来调整系数。有学者提出了一种新的 QPSO CE 系数调节方法，利用进化速度因子和聚集度因子在线修正 CE 系数。

本节在分析 CE 系数与 QPSO 势阱长度的关系的基础上，提出基于模糊控制的量子粒子群（Fuzzy-controlled Quantum-behaved Particle Swarm Optimization，FQPSO）自适应优化算法，以粒子群多样性、适应度变化率及当前进化迭代阶段作为反馈量，实现 CE 系数的自适应调节。同时，基于遗传算法理论，提出粒子群交叉学习机制，使精英粒子能够与群体中其他粒子交换维度信息，增加维度间的扰动，减小陷入局部最优解的概率，在一定程度上提高了后期粒子群的多样性。

5.3.1 量子粒子群算法

QPSO 假设 PSO 算法的进化系统是一个量子系统。QPSO 取消了粒子的移动方向属性,所有粒子围绕运动中心点聚集,且运动范围是有界的。这种有界状态由量子吸引势阱产生。位置有界状态下的粒子可以以一定的概率密度出现在空间的任何一点上,与粒子之前的运动及位置没有关系,因此增加了粒子位置的随机性。

在 N 维搜索空间中,粒子总数为 M。在时刻 t,第 i 个粒子的相关变量定义如下,i 取 $1 \sim M$ 的整数:

位置向量:$X_i(t) = [X_{i,1}(t), X_{i,2}(t), \cdots, X_{i,N}(t)]$

粒子最优位置向量:$P_i(t) = [P_{i,1}(t), P_{i,2}(t), \cdots, P_{i,N}(t)]$

全局最优位置向量:$G(t) = [G_1(t), G_2(t), \cdots, G_N(t)]$

吸引子位置向量:$p_i = (p_{i,1}, p_{i,2}, \cdots, p_{1,N})$

粒子位置向量的进化方程,即第 i 个粒子在 $t+1$ 次迭代中位置的第 j 维分量为

$$X_{i,j}(t+1) = p_{i,j}(t) \pm \frac{L_{i,j}(t)}{2} \times \ln\left[\frac{1}{u_{i,j}(t)}\right] \tag{5-11}$$

式中,$L_{i,j}(t)$ 为势阱的特征长度,决定粒子的搜索范围;$p_{i,j}$ 为局部吸引子,决定粒子的搜索方向;$u_{i,j}(t)$ 服从 (0,1) 上的随机分布。

为了保证算法收敛,粒子 i 的每个维度必须收敛到其各自的局部吸引子 $p_{i,j}$,吸引子坐标为

$$\begin{aligned} p_{i,j}(t) &= \varphi_j(t) P_{i,j}(t) + [1 - \varphi_j(t)] G_j(t) \\ \varphi_j(t) &= \frac{c_1 r_{1,j}(t)}{c_1 r_{1,j}(t) + c_2 r_{2,j}(t)} \end{aligned} \tag{5-12}$$

式中,c_1 和 c_2 分别为局部和全局学习因子;$r_{1,j}(t)$ 和 $r_{2,j}(t)$ 服从 (0,1) 上的随机分布。

势阱特征长度 $L_{i,j}(t)$ 用粒子平均最优位置 $C(t)$ 调控,计算如下:

$$\begin{aligned} C(t) &= (C_1(t), C_2(t), \cdots, C_N(t)) \\ &= \left(\frac{1}{M} \sum_{i=1}^{M} P_{i,1}(t), \frac{1}{M} \sum_{i=1}^{M} P_{i,2}(t), \cdots, \frac{1}{M} \sum_{i=1}^{M} P_{i,N}(t)\right) \end{aligned} \tag{5-13}$$

式中，N 为粒子维数；M 为粒子个数。

则粒子势阱长度为

$$L_{i,j}(t) = 2\alpha(t)|C_j(t) - X_{i,j}(t)| \tag{5-14}$$

式中，$\alpha(t)$ 为 CE 系数。

综上，QPSO 的粒子位置进化方程如下：

$$X_{i,j}(t+1) = \frac{c_1 r_{1,j}(t) P_{i,j}(t) + c_1 r_{1,j}(t) G_{i,j}(t)}{c_1 r_{1,j}(t) + c_2 r_{2,j}(t)} \pm \\ \alpha(t)|C_j(t) - X_{i,j}(t)| \times \ln\left[\frac{1}{u_{i,j}(t)}\right] \tag{5-15}$$

5.3.2 收缩-扩张系数与势阱长度关系

由式可知，CE 系数 α 对势阱长度 L 的调节起着决定性作用，因此对 L 的调节可以转化为对 CE 系数的控制。当 CE 系数较小时，L 受其调节也会相对较小，此时粒子具有较强的局部搜索性能，但 CE 系数过小则会导致种群进化停滞，陷入局部最优解；当 CE 系数较大时，L 会相对较大，粒子具有较强的全局搜索性能，但 CE 系数过大则会导致种群不收敛。因此，理想的 CE 系数控制方式是随着种群多样性及迭代阶段的进化，而自适应控制 CE 系数。在迭代前期，种群多样性较大时，CE 系数应使算法具有较强的全局搜索能力；在迭代后期，种群较为集中，多样性较小时，CE 系数应使算法加强局部搜索能力。因此，研究 CE 系数的变化对算法迭代过程中势阱长度的影响，对于设计 CE 系数自适应算法具有指导作用。

对式（5-15）进行在一维情形下约简，并将吸引子 $p_{i,j}$ 和平均最优位置 C 固定在原点，粒子位置初值 $X(0)=1$，则迭代进化公式可写为

$$X_i(t+1) = \alpha |X_i(t)| \times \ln\left[\frac{1}{u_i(t)}\right] \tag{5-16}$$

为使算法收敛，势阱长度 L 需满足

$$\lim_{t \to \infty} L_i(t) = \lim_{t \to \infty} \alpha |X_i(t)| = 0 \tag{5-17}$$

因此，可通过观测 L 的收敛性判断算法是否收敛。如图 5-7 所示为 CE 系数 α 取不同值时，势阱长度 L 随迭代次数的变化情况，横坐标为迭代次数，纵坐标为势阱长度的对数。

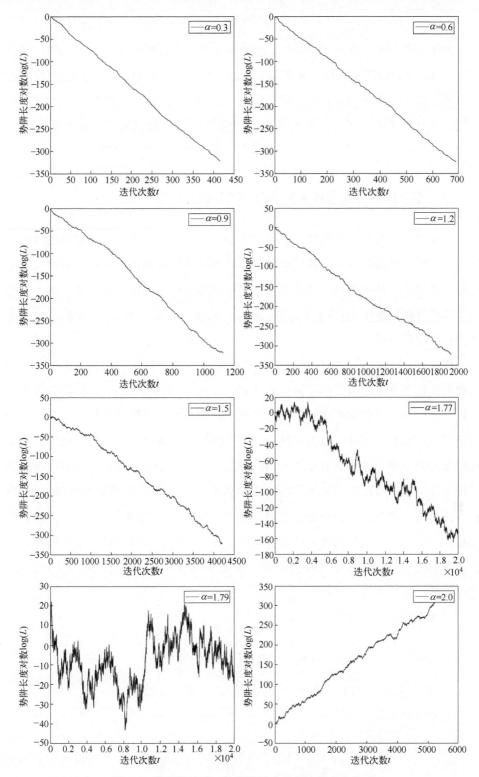

图 5-7 势阱长度随 CE 系数和迭代次数的变化关系

由图 5-7 可知，当 $\alpha<1.77$ 时，随着算法迭代与种群进化，势阱长度 L 逐渐收敛为 0，且收敛速度较快，证明算法收敛；当 $\alpha>1.79$ 时，势阱长度 L 变化过程剧烈波动，且不收敛，证明此时算法亦不收敛。因此，α 的取值应在 $(0,1.78]$ 之间，并且从图中可知，算法的收敛速度和收敛精度可以通过 α 而得到控制和调节。

5.3.3　基于模糊控制的量子粒子群自适应优化算法

模糊逻辑控制是最常用的控制技术之一，常用于自适应调整控制系统或其他算法的参数。模糊逻辑控制被广泛应用于其他算法，如惯性权重粒子群优化、免疫粒子群优化、神经网络、无模型自适应控制和虚拟参考反馈整定等。本小节提出了基于模糊控制的 QPSO 自适应控制算法，通过自适应调节 CE 系数，改善寻优迭代的收敛过程。

根据式（5-14）可知，在种群聚集程度较高，粒子较为集中的情形下，势阱长度的变化很小或不再变化，同时根据式（5-14），此时的粒子群收敛到吸引子附近，函数寻优过程基本停止。反之，粒子较为分散，势阱变化较大，算法处于大范围寻优状态。因此可以得出结论，粒子种群的多样性、进化阶段以及函数寻优结果的变化率可以作为表示粒子活性的反馈参数调节 CE 系数，进而控制势阱长度 L。当进化阶段处于初期，种群多样性参数较大，寻优结果变化率较大时，代表此时粒子较为分散，全局搜索能力较强，此时应适当减小 CE 系数，防止搜索步长过大，错过最优位置；随着进化阶段接近后期，种群多样性参数较小，寻优结果变化率较小时，粒子较为聚集，着重于局部搜索，应适当增大 CE 系数，增加扰动，维持种群多样性。

定义进化阶段参数 T_{FQPSO} 如下：

$$T_{\text{FQPSO}}=\frac{t}{t_{\max}}, T_{\text{FQPSO}} \in (0,1] \tag{5-18}$$

式中，t 和 $t_{\max}$ 分别是当前迭代次数和最大迭代次数。

定义种群多样性参数 $\beta(t)$ 如下：

$$\beta(t)=\frac{1}{MR}\sum_{i=1}^{M}\sqrt{\frac{1}{N}\sum_{j=1}^{N}(X_{i,j}(t)-\overline{X_j(t)})^2} \tag{5-19}$$

式中，R 为搜索空间的最长半径；$X_{i,j}(t)$ 为第 i 个粒子在 t 次迭代中的位置的第 j 维分量；$\overline{X_j(t)}$ 是所有粒子第 j 维分量的平均值；M 是种群大小；N 是粒子的维数。

目标函数适应度变化率 $\mathrm{d}F(t)$，表示连续两代适应度值的变化，表示如下：

$$\mathrm{d}F(t) = \frac{F(t)-F(t+1)}{F_{\max}-F_{\min}}, \mathrm{d}F \in [-1,1] \tag{5-20}$$

式中，$F_{\max}$ 和 $F_{\min}$ 分别是进化期间的函数适应度最大和最小值。

为了防止种群在进化后期多样性损失和粒子早熟问题，本小节借鉴遗传算法中的交叉理论，提出 FQPSO 算法的交叉学习策略。随着进化过程的发展，适应度值变化率的降低以及种群多样性的下降，粒子之间存在一定概率的随机交叉，增加粒子的扰动与多样性，以便找到可能的更优解。

定义 k 为粒子 i 的位置 $X_i(t)$ 中随机选择的交叉点，被选中的交叉粒子为 $X_p(t)$，则 $X_{i,k}(t)$ 按概率 $\rho(t)$ 与粒子 $X_p(t)$ 的 k 维交叉后的新坐标 $X'_{i,k}(t)$ 满足

$$X'_{i,k}(t) = \begin{cases} X_{i,k}(t), & \text{概率 } \rho(t) \\ X_{p,k}(t), & \text{概率 } [1-\rho(t)] \end{cases} \tag{5-21}$$

为保证算法收敛，$\rho(t)$ 应随进化阶段进展、种群多样性降低、函数适应度变化率变缓而自适应递减。

综上，模糊逻辑控制器的设计如下：

控制器的输入包括种群多样性 $\beta(t)$、目标函数适应度变化率 $\mathrm{d}F(t)$ 和进化阶段参数 T_{FQPSO}；控制器的输出为交叉概率因子增量 $\mathrm{d}\rho$ 和 CE 参数增量 $\mathrm{d}\alpha$，且满足

$$\left. \begin{aligned} \alpha(t+1) &= \alpha(t) + \mathrm{d}\alpha \\ \rho(t+1) &= \rho(t) + \mathrm{d}\rho \end{aligned} \right\} \tag{5-22}$$

模糊语义变量集及模糊规则如表 5-2 及表 5-3 所示。

表 5-2 模糊语义变量集

符号	语义变量	符号	语义变量
S	小	NS	负小
M	中	ZE	零
B	大	PS	正小
NES	负极小	PB	正大
NB	负大	EB	正极大
PES	正极小		

表 5-3 dρ(dα)的模糊规则

T_{FQPSO}	d$F(t)$	$\beta(t)$				
		EB	B	M	S	ZE
S	对于所有的 d$F(t)$	ZE(ZE)	PS(ZE)	PB(PS)	PB(PB)	PB(PB)
M	NB	PS(ZE)	PB(NS)	PB(NS)	PB(NB)	PB(NB)
M	NS	ZE(ZE)	PS(NS)	PS(NS)	PB(NS)	PB(NB)
M	NES	ZE(NS)	ZE(NS)	ZE(NS)	ZE(NS)	PB(NB)
M	PES	ZE(ZE)	ZE(PS)	ZE(PS)	PS(PS)	PB(PB)
M	PS	NS(ZE)	NS(ZE)	ZE(PS)	PS(PS)	PB(PS)
M	PB	NB(ZE)	NS(ZE)	NS(ZE)	ZE(ZE)	PB(ZE)
B	NB	none	none	NS(NB)	ZE(NB)	PB(NB)
B	NS	none	none	NS(NS)	ZE(NS)	PS(NS)
B	NES	none	none	NS(NS)	NS(NS)	ZE(NS)
B	PES	none	none	NS(PS)	NS(PS)	ZE(PS)
B	PS	none	none	NB(ZE)	NS(NS)	ZE(NS)
B	PB	none	none	NB(ZE)	NB(NS)	ZE(NS)

模糊隶属度函数如图 5-8 所示。

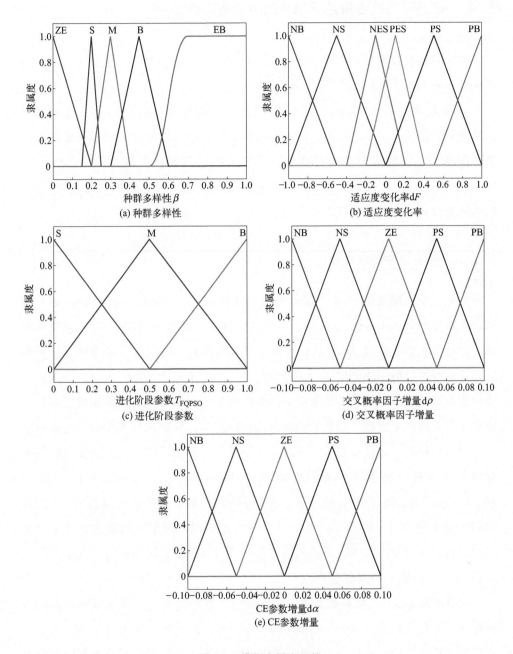

图 5-8 模糊隶属度函数

5.4 基于可调度性排序 SMT 的时间触发调度

在时间触发数据的约束中,无冲突约束数量所占比例最大,也最为重要,能够保证所有数据帧的传输时间区间互不重叠。然而大量的无冲突约束会导致 SMT 算法时间复杂度急剧增大,不适合大型的调度规模。5.2 节与 5.3 节通过网络建模与 FQPSO 算法,完成了初步的调度优化,将数据帧分配到了每条链路的基本周期内。本节提出基于可调度性排序的可满足性模块理论(Satisfiability Modulo Theories,SMT),解决基本周期内报文之间的时态约束与无冲突约束,精确计算数据帧的发送时间。

5.4.1 可满足性模块理论

时间触发调度表的计算问题本质上与装箱问题(Bin Packing Problem)相同,是典型的 NP-complete 问题,本节主要解决有限资源条件下的约束规划问题。通过分支界定法或 A^* 算法,在解空间内穷举搜索解决任务调度问题,一般认为搜索效率过低。将调度表的无冲突约束建模为不等式约束,通过优化算法解决约束规划问题。但无冲突约束是时间触发调度的最基本要求,采用启发式算法除非获得无冲突最优解,否则总会出现数据帧重叠,导致调度表失效,因此只适用于网络结构较小,流量较少,或者总线型结构。目前,国际上最受关注的约束规划理论采用的是混合整数线性规划(Mixed Integer Linear Programming,MILP)和可满足性模块理论。通过对不同调度结构与任务规模的研究表明,SMT 方法优于基于 MILP 的方法,可以在给定的时间限制内以最优方式解决更多的问题,并且考虑到 MILP 是较为成熟的理论而 SMT 刚刚兴起,有学者认为 SMT 方法具有更大的发展潜力。

本节采用 SMT 理论解决基本周期内的约束规划问题。可满足性模块理论是在布尔可满足性理论(Satisfiability Theory,SAT)基础上发展而来的,由于加入了模块背景理论,表达能力更强,抽象层次更高,不再局限于布尔判断和既有解空间验证,而能主动计算变量值。

基于 SMT 的时间触发调度算法流程步骤如下:

步骤1：确定SMT变量，即链路发送时间变量。SMT变量是数据帧在链路上的发送时间，它是基于约束规划的时间触发调度模块理论背景中的一个基础变量，模块背景理论的所有操作符均可在链路发送时间变量上操作。

步骤2：生成SMT谓词，即调度约束。SMT谓词是基本周期内数据帧之间的每一条约束，包括无冲突约束与时态约束，都是布尔函数，可以将其映射到集合{TRUE，FALSE}上进行真值赋值。

步骤3：合取SMT约束，由多条SMT谓词，即调度约束析取而成。

步骤4：生成SMT赋值。对于一个基于SMT的时间触发调度实例，赋值函数根据调度模块背景理论，将所有SMT变量映射为其中的相应取值，并结合网络模型中的运算逻辑，得到每个SMT谓词的真值表。

步骤5：判断SMT可行解及可满足性。对于一个基于SMT的时间触发调度实例，若通过赋值函数得到一个最终调度表，使调度实例的真值取值为TRUE，则该调度表是当前的一个可行解，且该调度实例是可满足的。

5.4.2　周期业务可调度性排序

按照SMT的计算流程，首先需要定义基本周期内待调度的时间触发数据帧之间的无冲突约束。L为网络中有向链路集合，$T_{bp,k}^j$为链路l_k上第j个基本周期，f_v和f_u是$T_{bp,k}^j$上的数据帧，$s(v,T_{bp,k}^j)$和$s(u,T_{bp,k}^j)$分别是它们在基本周期内的发送时间，o_v和o_u分别是它们的链路占用时长，则有待调度数据帧无冲突约束为

$$\forall l_k \in L, \forall T_{bp,k}^j \in l_k, \forall f_v, f_u \in T_{bp,k}^j, \\ s(v,T_{bp,k}^j) \geqslant s(v,T_{bp,k}^j)+o_u \vee s(u,T_{bp,k}^j) \geqslant s(v,T_{bp,k}^j)+o_v \tag{5-23}$$

除无冲突约束之外，基本周期内的数据帧调度还需满足式（5-7）与图5-6的网络时态约束。

为了提升SMT调度算法的计算效率，有学者又提出了一种增量式SMT算法，相比一次性输入所有数据帧约束的方法，该算法通过分次添加-失败回溯的方法，能够有效提升算法效率。然而随着调度数据量的增长，该方法的失败回溯次数明显增加，延缓了调度表的计算时间。本小节提出了一种基于可调度行排序的增量式SMT算法，在增量式合取SMT约束时，不仅考虑所添加的数据帧的

时间紧迫性,即端到端截止时间,还加入了基本周期内已调度数据帧对未调度数据帧的影响。定义待调度数据帧 f_u 的周期利用率(Period Utilization,PU)如式(5-24)所示,表示在不与基本周期内已调度数据发生冲突的前提下,新增数据帧 f_u 所需要的带宽。

$$PU_u = \sum_{k=1}^{L} \sum_{j=1}^{T_{\mathrm{Mp}}/T_{\mathrm{bp},k}} \left(\frac{\sum_{f_v \in T_{\mathrm{bp},k}^j \backslash \{f_u\}} o_v}{T_{\mathrm{bp},k}^j} + \frac{o_u}{T_u} \right) \quad (5\text{-}24)$$

① $\left(\sum_{f_v \in T_{\mathrm{bp},k}^j \backslash \{f_u\}} o_v \right) / T_{\mathrm{bp},k}^j$ 表示链路 l_k 上第 j 基本周期中,除 f_u 之外的其他数据帧所占用的带宽。

② o_u / T_u 表示 f_u 的传输需要每个特征周期内 o_u 长度的时间片。

综上,基本周期内每个待调度的数据帧 f_u 的调度优先级包含两个分量,如下所示:

$$priority(f_u) = rank(\min(d_u), \max(PU_u)) \quad (5\text{-}25)$$

式中,d_u 是 f_u 的端到端截止期,是决定数据帧调度优先级的首要参数并首先进行比较。对具有相同端到端截止期的数据帧,则比较周期利用率因子 PU。可调度性优先级定义了基本周期内数据帧调度的难度,对于调度空间灵活性较小的数据帧应该优先加入 SMT 算法中进行计算。

基于以太网的 TCN 实时周期数据,在经过 FQPSO 和 SMT 两级优化和调度后,如果 TCN 有少量新加入的业务,则可用基于可调度性排序的增量式 SMT 算法来确定调度表的空闲时间是否满足数据帧的约束。当有足够的空闲时间时,SMT 算法将为新业务分配调度时间并更新全局调度表;否则,需要离线重新计算调度表。

5.5 调度表性能评估

5.5.1 算法流程

本小节的时间触发调度表计算采用 Intel(R)core(TM)i5-4590 3.3GHz 处理器,8GB 内存,Ubuntu 16.10 操作系统。FQPSO 算法采用 C++语言实现,SMT 算法求解器采用 YICES 2.0。本小节算法的整体流程如图 5-9 所示。

步骤1：在TCN中定义实时周期业务及其参数。在实际以太网TCN中，实时周期业务负载的流向一般存在于中央控制单元与终端设备之间，且目前的带宽负载率通常小于总带宽的20%。因此，为了充分考虑未来TCN实时业务的多样性和扩展，使用随机流量分布来模拟网络负载。

步骤2：根据TCN拓扑，确定周期业务的网络路由路径。

步骤3：根据业务属性、延迟参数和时间约束，完成时态约束有向图和优化目标函数。

步骤4：依据链路负载率由高至低，分别使用FQPSO优化链路目标函数的适应度，并将数据帧分配给基本周期。如果成功，则继续调度；否则返回步骤2以调整路由和数据流路径。

步骤5：调用基于可调度性排序的SMT算法，调整基本周期内数据帧发送时间的偏移量。如果成功，则输出完整的时间触发的计划表；否则返回步骤2以调整路由和数据流路径。

步骤6：在TCN中新加入业务时，调用SMT算法进行在线调度。如果成功，则更新调度表；否则返回步骤2离线重新计算调度表。

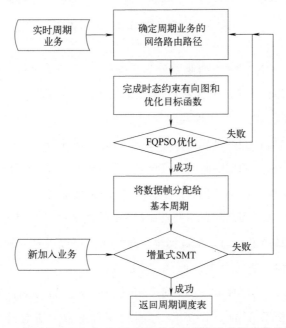

图5-9 基于FQPSO和SMT理论的实时周期业务调度优化流程

5.5.2 网络环境

本小节根据 IEC 61375-3-4 设计一个改进的基于 TRDP 的 TCN 结构作为实验拓扑，如图 5-10 所示。每节车厢配备一个 CNN，采用可加载调度表的工业以太网交换机。每个 CNN 连接 8 个 ED，并使用环形拓扑结构在 ECN 内提供冗余。ETB 采用线性结构连接两个子网。该拓扑包含 10 个交换机、64 个终端设备和 75 条物理链路。实线表示以太网物理链路，虚线表示两辆车之间的间隔。

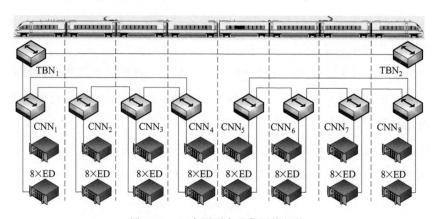

图 5-10 以太网列车通信网络拓扑

随机生成的 TCN 实时周期业务分为单播流量与多播流量，每条业务的路由路径由一个发送者和一个或一组接收者组成，源和目的 ED 从 TCN 中随机选择。本节根据业务流向，定义了 4 种实时周期业务：

① ECN 内单播：同一 TBN 下，ED 之间的单播业务。

② ECN 内多播：源 ED 向同一 TBN 下随机的 8~10 个目的 ED 多播业务。

③ ECN 间单播：不同 TBN 下，ED 之间的单播业务。

④ ECN 间多播：源 ED 向不同 TBN 下随机的 8~10 个目的 ED 多播业务。

随机业务按照数量分为 8 个数据集，每个 ED 可以发送 4 种类型的时间触发流量中的任何一种。表 5-4 中的四元组 (n_1, n_2, n_3, n_4) 分别代表 ECN 内单播、ECN 内多播、ECN 间单播和 ECN 间多播的业务数。考虑到控制实时数据帧通常很短，设定帧长度为 64~500Byte 之间的随机整数。所有链路采用 100Mbps 全双工传输。业务周期随机取 $2^x 3^y w$，$x, y \in \{0, 1, 2\}$，$w \in \{2, 3\}$，链路传输时

延迟 $100\sim400\mu s$ 之间的随机整数,端到端截止期 $e_i \leqslant 0.5T_i$。

表 5-4 实时周期流量组成

编号	ED 业务数量	业务组成	最大链路负载率/%
1	2	(1,1,0,0)	14.72
2	4	(1,1,1,1)	24.16
3	6	(2,2,1,1)	34.17
4	8	(2,2,2,2)	42.84
5	10	(3,3,2,2)	57.58
6	12	(3,3,3,3)	64.30
7	14	(4,4,3,3)	72.58
8	16	(4,4,4,4)	84.89

5.5.3 算例分析

(1) FQPSO 优化性能分析

对于表 5-4 的周期业务,本小节采用 5.3 节提出 FQPSO 算法、标准 PSO 算法以及 QPSO 算法对 5.2 节提出的时间触发调度表抖动与负载均衡模型分别进行优化,对比了算法收敛速度和最优解。用表 5-4 中的业务集 1、4、7 分别表示 TCN 轻载、中载、重载的情形,结果如表 5-5 和图 5-11 所示。

表 5-5 PSO、QPSO 和 FQPSO 调度优化结果

最终适应度	PSO	0.5634	无解	无解
	QPSO,α 为线性	0.1659	0.236	0.323
	FQPSO	0.1403	0.066	0.225
迭代次数	PSO	38	无解	无解
	QPSO,α 为线性	1194	2288	405
	FQPSO	1540	2147	1530

PSO 算法设置:加速度因子为 1.49,惯性权重 $\omega=0.8$,粒子速度移动范围比粒子位置范围大 10%。

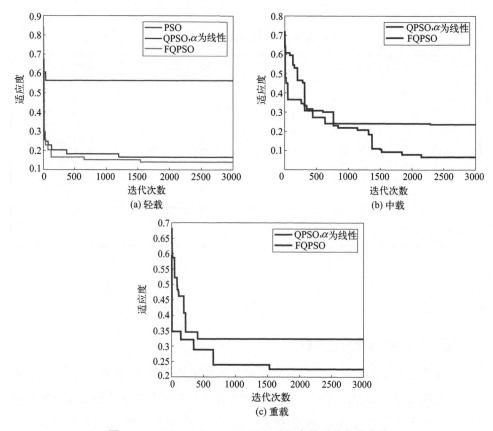

图 5-11 PSO、QPSO、FQPSO 对调度模型的优化曲线

QPSO 算法设置：CE 系数 α 随迭代次数的增加从 1.7 线性减小到 0.5。式 (5-12) 中的局部和全局学习因子分别为 2 和 2.1。

FQPSO 算法设置：模糊规则与隶属度函数按照表 5-3 和图 5-8 设置，初始交叉学习概率为 0。

图 5-11 表示在 3 种不同的 TCN 周期数据负载条件下，PSO、QPSO 和 FQPSO 算法对目标函数的收敛性。表 5-5 中"No solution"表示迭代过程不收敛或最优解不满足约束条件。在轻载条件下，PSO 算法虽然迭代步数最小，但 FQPSO 和 QPSO 得到的最优适应度明显小于 PSO。在这种情况下，由于粒子维数较低，FQPSO 并没有体现出比 QPSO 更高的优越性。随着负载的增加，标准 PSO 在中、高负载情况下已无法获得约束条件下的最优解，而本章提出的 FQP-

SO 算法的最终适应度明显低于 QPSO 算法。结果表明,在高维空间中,PSO 和 QPSO 在迭代初期即可能陷入局部最优解,而 FQPSO 在克服粒子早熟、防止早期局部最优解方面优于对照算法,并且在相同的网络负载下获得了更优的结果。

(2) 基于可调度性排序 SMT 算法性能分析

为了评估可调度性排序对 SMT 算法的优化,本小节利用随机排序、周期递增和本章提出的可调度性排序 3 种方法,对表 5-4 中的周期业务集基于 FQPSO 算法优化调度后的结果,进行基本周期内的调度。表 5-6 为计算时间的比较。SMT 算法的计算时间上限为 3600s。如果在时间限制内没有得到调度结果,算法返回 "No solution"。

表 5-6　基于三种排序方式的 SMT 算法计算时间　　　　　　　　　　　　　s

业务集	1	2	3	4	5	6	7	8
随机排序	2	10	32	584	2256	—	—	—
周期递增排序	1	4	21	29	67	328	1241	2874
可调度性排序	1	5	11	24	46	75	202	413

表 5-6 的实验结果表明,由于不考虑数据帧的可调度性,随机排序的计算时间明显高于其他两种排序方法。对于周期递增排序和可调度性排序,当流量规模不大时,SMT 调度性能接近。随着网络中周期业务量的增加,基于可调度性排序的算法计算时间明显低于周期递增排序,因为基本周期数据帧的可调度性不仅取决于业务的周期,还取决于帧长、基本周期长度,以及在同一基本周期内已调度的其他数据帧的参数。本章提出的可调度性方法综合考虑了这些因素,使 SMT 的增量式调度队列更加合理。

(3) 实时周期业务优化结果

本小节采用标准 SMT 算法与本章所提出 FQPSO-SMT 两级调度算法分别生成的调度表,基本周期负载均衡度与业务抖动结果如表 5-7 所示。负载均衡度为式 (5-9) 所定义的各基本周期数据帧长度总和的标准差,抖动指标为数据帧抖动值与其业务周期比值的平均值。

表 5-7 基本周期负载均衡与业务抖动结果

业务集	负载均衡度/μs		平均抖动-周期比		最大抖动-周期比	
	SMT	FQPSO-SMT	SMT	FQPSO-SMT	SMT	FQPSO-SMT
1	83.64	28.52	0.023	0	0.126	0
2	88.55	34.63	0.074	0.003	0.314	0.067
3	102.72	37.26	0.101	0.009	0.540	0.114
4	106.46	44.19	0.192	0.025	0.652	0.175
5	110.45	50.23	0.353	0.041	0.963	0.248
6	123.07	56.66	0.585	0.059	0.998	0.327
7	—	73.11	—	0.083	—	0.402
8	—	81.86	—	0.102	—	0.467

在表 5-7 所有周期业务集得到的最终调度表中，采用 FQPSO-SMT 所得负载均衡均小于标准 SMT 算法。最大负载业务集的 FQPSO-SMT 均衡度为 81.86，小于最小负载业务集使用标准 SMT 所得结果 83.64，证明了在基于基本周期结构的调度模型中，FQPSO-SMT 能够使时间触发周期帧的调度更加均衡。这种均衡优化可以提高网络的整体带宽利用率，还可为其他多业务数据的融合传输提供更灵活且平均的时间间隙。

采用标准 SMT 算法所得的抖动指标随着流量负载的增加而迅速恶化。在所有业务集中，FQPSO-SMT 优化后的相对抖动指标均优于标准 SMT 算法，并且抖动的增长速度也明显较慢。最大负载业务集的最大帧抖动小于其周期的一半，平均抖动周期比控制在 10%，可以满足列车实时控制的需要。

在基于以太网的 TCN 中，目前的实时周期业务，即监视数据与过程数据的带宽和一般不超过总带宽的 20%，属于本章中的轻载调度情形。所提出的 FQPSO-SMT 算法在此情形下，不仅能满足计算效率的需要，而且能够较好地解决 TCN 抖动与负载均衡度的优化问题。

5.6 本章小结

TCN 的实时周期数据对交换式以太网及 TRDP 协议通信提出了更高的实时

性要求。本章分析了时间触发机制的通信机理，针对 TCN 的网络和业务特点，建立了实时周期数据的传输与调度模型，并对业务的时态约束条件进行了形式化的统一描述；针对传统 TCN 周期扫描表的建立在抖动控制和宏周期负载均衡上存在一定缺陷的问题，建立了基于以太网 TCN 实时周期数据的调度优化模型，并提出了 FQPSO-SMT 两级调度算法。

本章所提出的 FQPSO 自适应优化算法，以粒子群多样性、适应度变化率及当前进化迭代阶段作为反馈量，实现收缩扩张系数的自适应调节，并基于粒子群交叉学习机制，增加维度间的扰动，减小陷入局部最优解的概率，在一定程度上提高了后期粒子群的多样性，优化了高维空间下模型的收敛过程；提出的基于可调度性排序的增量式 SMT 调度方法，对基本周期内数据帧的发送时间进行约束规划，解决了 SMT 调度回溯次数过多、计算效率低的问题。

最后在 TCN 拓扑下，基于随机流量进行了调度表计算与性能评估，证明了本章所提方法在静态调度表的业务抖动值和在宏周期内的负载均衡度方面均明显优于对照算法，并且在高带宽利用率下仍能保持较高的调度性能。

6

CHAPTER 6

实时非周期业务调度与分析优化方法

6.1 概述

除实时周期数据外，TCN 中另一类具有较高优先级的数据类型是实时非周期的消息数据。此类信息一般不具有周期性，或只在一段时间内具有周期性。数据的产生与全局时间没有明确的相关性，因此可看作由事件触发的数据。此类数据的周期性约束不严格，因此一般不要求抖动指标，数据时延成为最重要的实时性参数。

实时性的评价方法一般可分为解析计算法、仿真法和实验法 3 种。解析计算法是指利用通信模型的时延公式推导或利用数学分析工具研究网络的端到端时延，如排队论或网络演算法。仿真法是指利用网络仿真软件及工具，如 OP-NET、NS3、Omnet 等，建立网络仿真环境，模拟真实的通信情景，研究网络时延的表现。实验法是指搭建真实的实验平台，实际测量端到端时延，该方法成本较高，在大规模网络情形下一般难以在实验室开展，因此通常采用半实物仿真或小规模实验的折中方法。

网络演算法是用得最多的网络时延解析计算工具。有学者提出了流量特征模型和调度器服务曲线模型。还有学者提出了基于最小加代数的网络演算理论。在网络服务质量分析方面，网络演算法要优于排队论方法。因为面对越来越复杂的网络拓扑和业务流特征，很难为排队论建立较为精确的流量到达和服务模型，而网络演算理论对二者的描述则更灵活。学者们在不同的应用领域都研究过网络演算理论的应用，如确定性以太网、时间触发以太网等。上述研究采用的都是确定性网络演算，近年来由于理论的发展，随机网络演算因其能更准确地描述随机和突发业务的网络性能，也开始受到学者们的关注，但总体来说研究还不完善。目前的网络演算法研究的缺点是时延边界的结果过于悲观，并且对于多业务队列调度分析的相关研究较为不足。

基于解析计算法的悲观性问题，仿真法与实验法是较为实际的实时性研究手段。有学者采用不同拓扑、输入参数、实验条件，在仿真和测试平台上，进行了各自不同的以太网实时性研究。基于仿真和实验测试同时也是工业现场验证网络实时性的重要手段，面临的共性问题是实时性实验不能无限制持续下去，需要在有限的测试时间和样本数量中得出网络时延是否达标的可靠性结论。

本章提出 TCN 实时非周期数据与时间触发周期数据融合传输的通信模型，进而在模型基础上从解析计算与实际测试两方面优化实时性分析的准确度。首先建立实时非周期数据随机网络演算模型，允许业务在规定的概率下超出统计边界，推导在基于多跳交换机网络的周期、非周期数据融合传输机制下，多优先级队列轮询的理论时延上限。随后提出基于贝叶斯规则的先验与后验模型，将实时性测试转化为统计学的置信度问题，优化理论边界的悲观性，同时为 TCN 现场实时性指标的测试时间及样本数量的选择提供理论依据。

6.2 实时非周期数据融合调度模型

6.2.1 实时非周期数据传输特征

根据 IEC 61375 的定义，基于以太网 TCN 中的实时非周期数据包括消息数据与流数据两种类型，一般用来传输列车中除直接控制指令之外的其他信息，如设备状态数据的监控、故障报警数据等。随着列车智能化程度的提升，消息数据与流数据在 TCN 中所占比例越来越高，在未来还将融合传感器网络数据、健康管理数据、应用程序的日志文件、数据中心交互信息、传感器音视频、乘客服务信息等。这些信息呈现出以下传输特征：

① 非周期性。与过程数据和监视数据要求的时间触发的周期性不同，消息

数据与流数据的传输任务在通信链路上没有严格的周期性要求。网络通信过程根据承载业务种类的不同，可以是周期的，也可以是非周期的，或者只在业务窗口期内具有非严格的周期性。

② 弱实时性。与时间触发业务要求网络节点明确消息的发送与接收全局时间点不同，事件触发业务在端到端递交过程中并不严格约束消息在确定的时间点到达接收端，业务消息虽也具有实时性要求，但比前者的约束要更加缓和。

③ 业务特征多样性。由于消息数据与流数据等实时非周期数据的业务来源多样，用途各异，如单体数据量较小的传感器数据、块状的流媒体数据、突发的报警数等，因此业务在种类、速率、数据量、实时性以及优先级等要求上特征各异。

④ 消息随机性。实时非周期数据的产生时刻、速率、数据量均受业务事件的触发与影响，因此网络上的数据帧也具有随机性特征，在网络和业务设计之初，无法明确数据发送和接收具体的全局时间点。

6.2.2　实时非周期数据融合传输机制

(1) 业务属性与调度模型

设实时非周期数据帧集合为 F_{RTA}，i 为实时非周期业务，则对于承载业务 i 的数据帧 $f_i \in F_{RTA}$，其报文的时间参数为

$$f_i = \{d_i, win_i, p_i\} \tag{6-1}$$

式中，d_i 为 f_i 所承载业务的截止期；win_i 为 f_i 在链路传输过程中的最小时间窗口，即 f_i 在链路上的每个 win_i 中最多只允许传输一帧；p_i 为数据帧最大发送帧长。

win_i 是为了防止业务之间过量占用带宽，阻塞网络，而引入的业务流量出口整形手段，当多条业务同时占用某一链路时，数据帧之间依据业务优先级进行排队，如图 6-1 所示。

在基于 MVB 与 WTB 的 TCN 中，采用划分周期相与非周期相的形式进行周期数据与非周期数据的逻辑隔离，优点在于简便易行。但由于非周期数据只能在宏周期的尾部进行传输，当宏周期长度较大时，非周期数据在端口的等待时间过

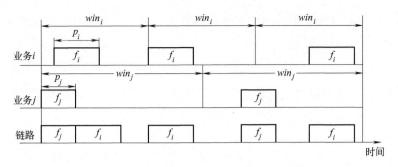

图 6-1　实时非周期数据帧最小发送时间窗口

长,增大了数据的端到端时间。并且由于非周期相一般不能占用过大的宏周期长度,否则会挤占过程数据与监视数据在周期相的空间,增大关键数据的调度时延与抖动。因此,这种方式所能容纳的非周期数据有限,随着实时非周期业务种类和数量的增加,越来越难以满足多业务融合传输的需要。

有学者提出周期数据与非周期数据融合传输的模型,本章在此基础上提出基于以太网的时间触发周期数据与事件触发非周期数据融合传输模型如图 6-2 所示。

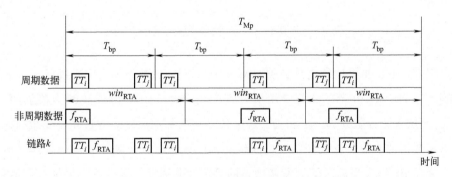

图 6-2　周期数据与非周期数据融合传输模型

图 6-2 中,TT_i 与 TT_j 表示时间触发周期数据帧,T_{bp} 为链路基本周期,T_{Mp} 为全局宏周期,f_{RTA} 为实时非周期数据帧,win_{RTA} 为非周期数据帧的最小发送时间窗口。在融合传输模型下,前文所生成的时间触发周期调度表的数据帧发送时间及帧长将通信宏周期划分为若干时间片。由于 TCN 中监视数据与过程数据具有最高优先级与严格的实时性确定性要求,即消息数据与流数据不能影响

周期数据的递交。因此，当周期数据占用链路或当前时间点与下一帧周期数据发送点之间的时间间隔小于待调度的非周期数据长度时，非周期数据队列处于"阻塞"状态。当周期数据完成传输时，调度器才会重新从非周期数据队列中恢复数据传输。

在图 5-2 "时间触发数据传递流程"的基础上，增加非周期数据调度流程如图 6-3 所示。

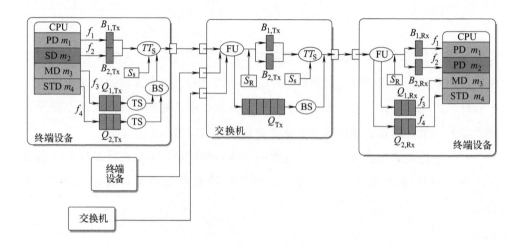

图 6-3 周期数据与非周期数据融合调度流程

图 6-3 中，非周期的消息数据（Message Data，MD）m_3 与流数据（Stream Data，STD）m_4 由终端设备应用层分别产生，经 TRDP 协议装帧为数据帧 f_3 和 f_4，送入业务队列 $Q_{3,Tx}$ 和 $Q_{4,Tx}$ 排队，并准备发送。业务流量整形器 TS 将非周期数据的多业务流按照基于优先级的调度算法，整合成端口发送队列，由阻塞调度器 BS 综合当前时间触发调度表的进度及非周期业务队列数据帧长度信息，调度发送。

交换机接收端口通过链路接收数据帧后，首先通过 TRDP 的实时调度管理层对输入报文进行完整性和有效性检查，确认无误后，经交换单元转发，送入交换机发送端口缓存队列 Q_{Tx}，由阻塞调度器 BS 控制发送。

当 f_3 和 f_4 到达目的终端的数据链路层，经调度管理层的完整性和有效性检查后，送入接收终端的缓存队列，依据业务全局唯一通信标识符的不同分别送

入 $Q_{3,Rx}$ 和 $Q_{4,Rx}$，并由接收方的应用层用户进行提取。

(2) 多业务流排队机制

TCN 中的实时非周期数据，如消息数据与流数据，由于业务的随机性和非周期性等特点，无法在传输过程中给予分配全局固定的传输时间。同时，由于其业务优先级次于实时周期数据及弱实时性等特点，非周期业务可以在网络端口处短时排队，以可控的时延不确定性换取多业务流调度的灵活性。具有 M 个优先级划分的 TCN 实时非周期数据多业务流排队模型如图 6-4 所示。

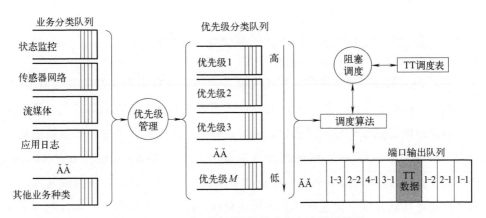

图 6-4 TCN 实时非周期数据多业务流排队模型

图 6-4 中，TCN 实时非周期数据多业务流，按照业务种类可以划分为状态监控、传感器网络、流媒体、应用日志等多种用途。目前多数研究认为同种业务之间具有相同的优先级。但本章定义，根据业务来源设备的关键性或业务用途的不同，相同业务种类的数据也应具有紧迫性不同的优先级等级。因此，网络节点在接收来自不同应用层程序或其他终端设备的多业务流输入队列后，按照优先级重新划分队列。网络节点出口队列的阻塞调度器，首先根据时间触发调度表，将宏周期划分为若干时间片；随后调度算法模块按照优先级权重，从各优先级队列中提取数据帧，插入出口队列的空闲时间片中，等待发送。

本章提出的实时非周期数据的优先级划分遵循 IEEE 802.1P 标准，以太网数据帧采用基于 VLAN 标签的 IEEE 802.1Q 格式，如图 6-5 所示，利用 3bit 用户优先级字段提供 8 种优先级别。

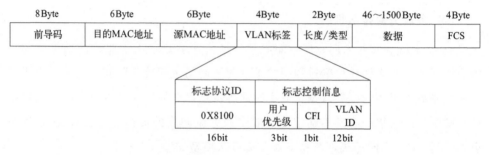

图 6-5 带优先级字段的 IEEE 802.1Q 数据帧格式

6.2.3 动态平滑加权轮询-最小截止期优先两级调度

在严格优先级调度方式中,当优先级较高的业务数据有连续的发送请求时,优先级较低的队列往往无法在一段时间内得到转发机会而出现数据积压,严重时会导致长时间的截止期延误或丢包。同时,在同一优先级队列中,数据截止期也会存在差别,若在同一队列中按照先到达先服务（First Come First Service, FCFS）的方式进行转发,会增加截止期延误的可能性。因此,队列调度中应综合考虑业务排队长度、优先级、差错丢包数量、最小截止期等,本书以此为出发点提出基于动态平滑加权轮询-最小截止期优先（Dynamic Smooth Round Robin-Earliest Deadline First,DSRR-EDF）的两级调度算法。

(1) 一级调度——动态平滑加权轮询

一级调度为队列间调度,本书提出 DSRR 队列调度算法,首先根据业务实时性要求的不同将输出端口缓存分成不同优先级的子队列;然后调度器按照权重为每个子队列分配调度信息量,并循环地从每个子队列中提出数据报文加入最终端口发送队列。与一般加权轮询不同的是,本书提出的 DSRR 轮询权重并非始终固定,而是根据业务排队的长度、业务优先级、差错丢包量而动态调整,同时利用平滑加权轮询算法加强调度公平性,改善低权重队列消息延迟过大的问题。

① 动态权重调整。

在权重轮询调度中,调度器赋予每个子队列一个权重值,对应了每次调度循环中该子队列发送的数据帧数量。每个子队列维护一个计数器,初始化值为权重值。在每次接受轮询时，计数器为非零的子队列每发送一帧数据，计数器减 1，当所有子队列计数器均为 0 时，完成一个调度循环，计数器重置为权值。各子队列权重的分配，直接影响队列中业务数据的发送速率及递交时延。

首先考虑业务排队长度对轮询权重的影响。不计其他因素影响的情况下，优先级子队列排队长度越长，调度器应给此队列分配的轮询权重越大。采用随机早期检测计算子队列的平均队列长度为

$$Ave\_Q_{Tx}=(1-\tilde{\omega})Ave\_Q'_{Tx}+\tilde{\omega}Q_{Tx} \tag{6-2}$$

式中，Ave_Q_{Tx} 为子队列平均队列长度；$Ave\_Q'_{Tx}$ 为上一次计算平均队列长度值；Q_{Tx} 为采样时间点的瞬时队列长度；$\tilde{\omega}$ 为更新权重。

对于优先级子队列 i，$i\in[1,2,\cdots,M]$，队列长度对轮询权重的影响因子 $queue_i$ 为

$$queue_i=\frac{Ave\_Q_{Tx}}{\sum_{i=1}^{M}Ave\_Q_{Tx}} \tag{6-3}$$

其次考虑子队列中的数据帧数量及队列优先级对权重的影响。不计其他因素影响的情况下，子队列中正在排队的数据帧越多，优先级越高，调度器应给此队列分配的轮询权重越大，子队列 i 的总优先级因子 $sum\_priority_i$ 为

$$sum\_priority_i=\frac{frame\_num_i\times priority_i}{\sum_{i=1}^{M}frame\_num_i\times priority_i} \tag{6-4}$$

式中，$frame\_num_i$ 为正在排队的数据帧数量；$priority_i$ 为子队列的优先级，优先级越高，$priority_i$ 数值越大。

最后考虑子队列中差错丢弃数据帧的数量对权重的影响。在网络重载情形下，对于非关键性业务会出现由于拥塞时延而产生丢包现象。不计其他因素影响的情况下，对于丢包数量过多的子队列，调度器应适当提高队列轮询权重，避免该队列中的网络业务完全失效。子队列 i 的差错统计因子 $fault_i$ 为

$$fault_i=\frac{fault\_num_i}{\sum_{i=1}^{M}fault\_num_i} \tag{6-5}$$

式中，$fault\_num_i$ 为子队列 i 在该端口因网络拥塞而产生的丢包数统计。

因此，子队列 i 的轮询调度权重 ω_i，即在一个轮询循环内，子队列 i 能够发送的数据帧数量配额：

$$\omega_i = (\alpha queue_i + \beta sum\_priority_i + \gamma fault_i) sum\_W \qquad (6-6)$$

式中，α、β、γ 为三种影响因子对最终轮询权重的影响程度，且 $\alpha + \beta + \gamma = 1$；$sum\_W$ 表示一个轮询循环内，接受调度的数据帧总量。sum_W 过大会导致轮询权重动态更新速率太慢，过小会加重网络节点的运算负担。本书取 $sum\_W = Buff\_len / \min(frame\_len)$，$Buff\_len$ 为端口队列缓存区长度，$\min(frame\_len)$ 为以太网最小数据帧长度。当端口处于轻载情形下，此时网络能够完全处理所有子队列数据，差错丢包数量极少，则队列长度及优先级影响因子为影响轮询权重的主要因素；随着端口负载上升，网络难以在满足所有数据截止期要求的情形下递交所有队列数据，此时应以优先级和差错丢包统计因子为影响轮询权重的主要因素。

② 平滑加权轮询。

传统的加权轮询算法采用从高到低轮询每个优先级子队列的方式，连续地从每个子队列提取与权重成比例的数据帧数。当从某一优先级队列中提取的帧数达到轮询配额时，无论其中是否还有数据，都必须将发送权移交给次一级优先级队列。优先级轮询算法的优点是在保证高优先级数据时延的同时，兼顾队列之间调度的公平性，而其缺点在于最终发送队列中各子队列数据时间片分布均衡性较差。一方面，轮询周期内，权重较高的子队列数据始终处于低权重子队列之前，导致低权重数据的整体延迟偏大；另一方面，在轮询周期后期，新入列的高优先级数据必须等待低优先级队列轮询完成才能再次发送数据，也导致数据时延增大。因此，在满足调度比例的前提下，合理调整轮询顺序能更有效地保证子队列轮询公平性，提高网络业务整体的时延性能。

设终端设备或交换机输出端口处共有 N 个优先级子队列 $Q = \{q_1, \cdots, q_i, \cdots, q_N\}$，本轮各子队列的初始化权重为 $W^0 = \{\omega_1^0, \cdots, \omega_i^0, \cdots, \omega_N^0\}$，轮询循环共执行 K 次轮询，第 k 轮轮询时各子队列的当前权重为 $W^k = \{\omega_1^k, \cdots, \omega_i^k, \cdots, \omega_N^k\}$，$1 \leqslant k \leqslant K$，权重和为 sum_W。由于在加权轮询的过程中，每轮被选中子队列向端口

缓存发送一帧数据，同时权重减1。为保证子队列权重被完全执行，$K=sum\_W$。队列指针 pos_Q 表示当前调度的优先级子队列。平滑动态加权轮询步骤如下：

步骤1：初始化每个子队列的当前权重 W 为 W^0；

步骤2：队列指针 pos_Q 指向当前权重最大的子队列 q_i，并从 q_i 提取一帧数据加入输出队列；

步骤3：将 q_i 的当前权重 ω_i 减去权重和 sum_W，再将所有子队列当前权重 W^k 加上初始化权重 W^0；

步骤4：重复步骤2～3，直到当前所有权重 W^k 均再次等于初始化权重 W^0，此时完成一个轮询循环；

步骤5：依据动态权重调整规则重新规划各子队列初始化权重 W^0，并重复步骤1～5。

证明：设子队列 i 在第 k 轮轮询时被选择了 ω_i^0 次，即已完成加权轮询，则对于 k^+ 轮次子队列 i 的权重值为

$$\omega_i^{k^+}=k^+\omega_i^0-sum\_W\omega_i^0\leqslant 0 \tag{6-7}$$

$$\text{s.t.}\quad 1\leqslant k<k^+\leqslant K=sum\_W$$

由于在轮询过程的步骤3中，权重最大子队列的 ω_i 减去了权重和 sum_W，随后各子队列又叠加了初始权重，因此步骤3前后的权重和 $sum\_W>0$ 且恒定不变。当 $\omega_i^{k^+}\leqslant 0$ 时，必然存在 $\omega_j^{k^+}\geqslant 0$，$1\leqslant j\leqslant N$ 且 $i\neq j$。所以，对于任意 $k<k^+\leqslant K$ 时，子队列 i 均不会再被轮询，且当 $k^+=K$ 时，对 $1\leqslant \forall i\leqslant N$，有

$$\omega_i^K=K\omega_i^0-sum\_W\omega_i^0=0 \tag{6-8}$$

此时所有子队列的当前权重为0，本次轮询循环结束。

表6-1举例说明算法的轮询过程，设当前网络节点中有4个优先级子队列，轮询权重分别为4、3、2、1。4个优先级队列经过 $sum\_W=10$ 次轮询后，重新回到初始化权重 W^0，完成一个轮询循环，且子队列的轮询请求相互交叉，体现出平滑性和均衡性。

表 6-1　4 个优先级子队列的平滑加权轮询示例

轮次	当前权重	pos_Q	最大权重减 sum_W	所有权重加 W^0
1	4,3,2,1	1	−6,3,2,1	−2,6,4,2
2	−2,6,4,2	2	−2,−4,4,2	2,−1,6,3
3	2,−1,6,3	3	2,−1,−4,3	6,2,−2,4
4	6,2,−2,4	1	−4,2,−2,4	0,5,0,5
5	0,5,0,5	2	0,−5,0,5	4,−2,2,6
6	4,−2,2,6	4	4,−2,2,−4	8,1,4,−3
7	8,1,4,−3	1	−2,1,4,−3	2,4,6,−2
8	2,4,6,−2	3	2,4,−4,−2	6,7,−2,−1
9	6,7,−2,−1	2	6,−3,−2,−1	10,0,0,0
10	10,0,0,0	1	0,0,0,0	4,3,2,1

(2) 二级调度——最小截止期优先

二级调度为子队列内的调度。各优先级子队列采用非抢占式的最小截止期优先 (Earliest Deadline First, EDF) 调度方式,在自身接受轮询的窗口期内,发送正在排队的报文中具有最小绝对截止期的数据帧。本书将消息的绝对截止期定义为消息在终端设备的产生时间加上其端到端截止期。有学者在进行基于以太网的 TCN 最小截止期调度时,将截止期字段嵌入应用层报文中。该方法的缺点是交换机对每一帧接收到的消息均要进行完整的以太网协议栈解析,大大增加了交换机内的调度时延。本书将业务生成时的初始时间戳及截止期字段添加在 MAC 层协议中,数据帧格式如图 6-6 所示。

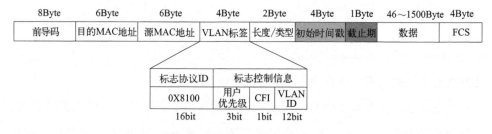

图 6-6　添加绝对截止期字段的数据帧格式

由于在融合传输模型中,实时周期数据将通信宏周期划分为若干时间片,实时非周期数据只能在时间片内传输,且不能干扰周期数据。因此,二级子队列调度遵循两个规则:①在轮询获得数据发送权时,各子队列优先发送当前队列中绝对截止期较小的数据帧;②数据帧调度前,需要计算当前时间点与下一帧实时周期数据发送时间点之间的剩余时间片长度。若剩余时间片大于待调度数据帧,则将数据帧加入发送队列缓存;否则,在最小截止期优先条件下,寻找剩余时间片利用率最大的报文。

6.3 基于随机网络演算的实时非周期数据时延计算

6.3.1 随机网络演算理论

网络演算理论由 Cruz 最早提出,是基于最小加代数的网络性能分析工具,可以用来计算数据流经过网络交换与传输,到达目的节点时的数据积压上限和时延上限,近些年逐步发展为确定性网络演算和随机网络演算两个分支。其中确定性网络演算得到的结果是网络最差性能边界,如数据流的最大积压上界与最大时延上界,所得结果过于悲观,并且以确定性网络演算的结果进行流量设计,会大大压缩可调度数据流量,引起网络带宽资源的损失。

对于 TCN 中以消息数据和流数据为代表的实时非周期数据流而言,其业务具有关键性弱于过程数据与监视数据,且数据量较大的特点,可以允许一定的服务质量损失而换取更高的带宽利用效率。因此,可以利用数据流的统计特性,允许业务在规定的概率下超出统计边界,使积压与时延边界更为松弛,以允许网络设计之初容纳更多的数据业务。

通信网络由数据流和网络设备组成,相应的网络分析理论也包括两种基础模型:流量模型与服务模型。其中,流量模型规定了数据流的特性,包括到达模型与离开模型;服务模型规定了网络设备为数据流提供转发服务及传输的特性。在本书中,定义数据流到达过程为 $A(s,t)$,表示 $[s,t]$ 时间段内累积到达系统的数据量;数据流服务过程为 $S(s,t)$,表示 $[s,t]$ 时间段内系统为数据流提供的转发服务累积量;数据流离开过程为 $D(s,t)$,表示 $[s,t]$ 时间段内离开系统的累积数据量。

网络演算理论主要是求解积压与时延的上界问题,有学者利用最小加代数运算来简化网络演算问题中的形式化表达。对于二元实数函数 $X(s,t)$ 与 $Y(s,t)$，$0 \leqslant s \leqslant t$，最小加卷积与反卷积定义如下：

$$(X \otimes Y)(s,t) = \inf_{s \leqslant \tau \leqslant t} [X(s,\tau) + Y(\tau,t)] \tag{6-9}$$

$$(X \% Y)(s,t) = \sup_{0 \leqslant \tau \leqslant s} [X(\tau,t) - Y(\tau,s)]$$

不考虑网络转发过程的丢包，连续工作的网络系统在 $[0,t]$ 内的累积离开过程表示为 $[0,\tau]$ 内的累积到达过程与 $[\tau,t]$ 内的累积服务过程的最小加卷积，如下所示：

$$D(0,t) = \inf_{0 \leqslant \tau \leqslant t} \{A(0,\tau) + S(\tau,t)\} = A \otimes S(0,t) \tag{6-10}$$

将网络的积压上界定义为 $[0,t]$ 时间段内到达网络节点与离开网络节点的数据流量之差。将网络的时延上界定义为 $[0,t]$ 时间段内到达网络节点的数据流量全部完成转发而离开网络节点所需的时间段长度。因此，不考虑网络节点转发过程中的丢包，数据流在时间 t 的积压上界 $b(t)$ 与时延上界 $d(t)$ 如下所示：

$$\begin{aligned} b(t) &= A(0,t) - D(0,t) \\ &= A(0,t) - \inf_{0 \leqslant \tau \leqslant t} \{A(0,\tau) + S(\tau,t)\} \\ &\leqslant \sup_{0 \leqslant \tau \leqslant t} \{A(\tau,t) - S(\tau,t)\} \\ &= (A \% S)(t,t) \end{aligned} \tag{6-11}$$

$$\begin{aligned} d(t) &= \inf_{0 \leqslant s \leqslant t} [s \geqslant 0 : A(0,t) - D(0,t+s) \leqslant 0] \\ &= \inf_{0 \leqslant s \leqslant t} \{s \geqslant 0 : A(0,t) - \inf_{0 \leqslant \tau \leqslant t+s} [A(0,\tau) + S(\tau,t+s)] \leqslant 0\} \\ &= \inf_{0 \leqslant s \leqslant t} \{s \geqslant 0 : \sup_{0 \leqslant \tau \leqslant t+s} [A(\tau,t) - S(\tau,t+s)] \leqslant 0\} \\ &= \inf_{0 \leqslant s \leqslant t} \{s \geqslant 0 : (A \% S)(t+s,t) \leqslant 0\} \end{aligned} \tag{6-12}$$

6.3.2 TCN实时非周期数据到达与服务过程

在随机网络演算中，到达过程 $A(s,t)$ 与服务过程 $S(s,t)$ 是随机的，因此很难找到确定性包络曲线以满足计算式（6-11）和式（6-12）。有学者提出采用随机过程的矩母函数来构造随机包络过程。对于随机过程 $X(s,t)$，若随机过程期望存在，则存在矩母函数如下所示：

$$M_X(\theta) = E e^{\theta X} \tag{6-13}$$

其中，$\theta>0$，且 $\overline{M}_X(\theta)=M_X(-\theta)=E\mathrm{e}^{-\theta X}$。

TCN 多业务融合传输调度下的网络演算模型如图 6-7 所示，在实时非周期数据加权轮询调度中，优先级为 n 的队列中有实时非周期数据数据流 f_n^j，$n=1,2,\cdots,N$，N 为优先级个数。假设子队列 n 中的非周期业务流 j 在 $[0,t]$ 时间段内到达的数据帧数量为 $N_n^j(t)$，到达概率服从泊松分布，则在 $[0,t]$ 内到达数量为 k 的概率为

$$\Pr[N_n^j(t)]=\frac{(\lambda t)^k}{k!}\mathrm{e}^{-\lambda t},t>0 \tag{6-14}$$

式中，$\lambda=f_n^j.len/f_n^j.win$ 为业务流 j 的平均速率，$f_n^j.win$ 为式中的实时非周期数据发送窗口长度。

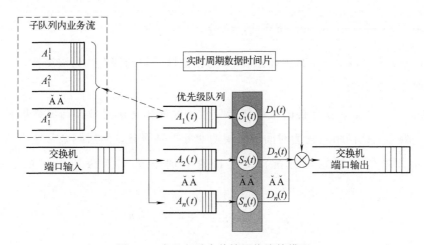

图 6-7 多业务融合传输网络演算模型

泊松过程 $N_n^j(t)$ 的矩母函数如下：

$$M_{N_n^j}(\theta,t)=\mathrm{e}^{\lambda t(\mathrm{e}^\theta-1)} \tag{6-15}$$

f_n^j 的累积到达过程为 $A_n^j(t)=N_n^j(t)\times f_n^j.len$，则 $A_n^j(t)$ 的矩母函数如下：

$$M_{A_n^j}(\theta,t)=M_{N_n^j}(f_n^j.len\times\theta,t)=\mathrm{e}^{\lambda(\mathrm{e}^{\theta\times f_n^j.len}-1)t} \tag{6-16}$$

采用 $(\rho(\theta),\sigma(\theta))$ 模型描述到达过程上界，则根据有效带宽理论，f_j^n 的到达过程矩母函数满足式：

$$M_{A_j^n}(\theta,s,t)\leqslant\mathrm{e}^{\theta[\rho_n^j(\theta)(t-s)+\sigma_n^j(\theta)]} \tag{6-17}$$

则到达过程 $[\rho(\theta),\sigma(\theta)]$ 模型等效如下：

$$\rho_n^j(\theta)=\frac{\lambda}{\theta}(e^{\theta\times f_n^j.len}-1),\quad \sigma_n^j(\theta)=0 \tag{6-18}$$

设子队列 n 中共有业务种类 q 个，即 $j=1,2,\cdots,q$，根据矩母函数的聚合特性 $M_{A_n}=\prod_{j=1}^{q}M_{A_n^j}$，则子队列 n 的到达速率满足

$$\rho_n(\theta)=\sum_{j=1}^{q}\rho_n^j(\theta)=\sum_{j=1}^{q}\frac{\lambda}{\theta}(e^{\theta\times f_n^j.len}-1) \tag{6-19}$$

根据第 5 章的设计，TCN 的实时周期数据调度受全局时间触发，调度表及调度业务是确定的。对于周期性时间触发业务数据流 f_i 在交换机节点处的总平均带宽占用为

$$BW_{RTC}=\sum_{1\leqslant i\leqslant p}\frac{f_i.len}{f_i.T} \tag{6-20}$$

式中，$f_i.len$、$f_i.T$ 为业务流 f_i 的数据帧长与周期；p 为该交换机节点处的周期业务流总数。

由于 TCN 中，周期性的过程数据与监视数据相比消息数据与流数据具有更高优先级，因此网络首先为时间触发周期业务提供服务，随后剩余带宽再交由非周期业务进行加权轮询分配。交换机对实时非周期业务所提供的总带宽 BW_{RTA} 为

$$BW_{RTA}=BW-\sum_{1\leqslant i\leqslant p}\frac{f_i.len}{f_i.T} \tag{6-21}$$

式中，BW 为网络链路总带宽。

根据本书采用的平滑加权轮询调度算法，对优先级子队列的服务过程需要考虑权重因素对服务速率的影响。首先将轮询帧数量的权重转换为轮询时间权重，对于优先级子队列 n，轮询时间权重为

$$\tilde{\omega}_n=\frac{\omega_n\sum_{1\leqslant j\leqslant q_n}\dfrac{f_n^j.len}{BW_{RTA}}}{\sum_{k\neq n}\omega_k\sum_{1\leqslant k\leqslant q_k}\dfrac{f_k^j.len}{BW_{RTA}}}=\frac{\omega_n\sum_{1\leqslant j\leqslant q_n}f_n^j.len}{\sum_{k\neq n}\omega_k\sum_{1\leqslant k\leqslant q_k}f_k^j.len} \tag{6-22}$$

则对于子队列 n_1、n_2 在时间段 $[s,t]$ 内得到的服务过程 $S_j^{n_1}(s,t)$ 和 $S_j^{n_2}(s,t)$，满足

$$\frac{S_{n_1}(s,t)}{S_{n_2}(s,t)} = \frac{\bar{\omega}_{n_1}}{\bar{\omega}_{n_2}} \tag{6-23}$$

对于 N 个优先级队列在 $[s,t]$ 的总服务过程满足

$$\begin{aligned} BW_{RTA}(t-s) &= \sum_{n=1}^{N} S_n(s,t) \\ &= \sum_{n=1}^{n'-1} S_n(s,t) + \sum_{n=n'}^{N} S_n(s,t) \\ &= \sum_{n=1}^{n'-1} S_n(s,t) + \sum_{n=n'}^{N} \frac{\bar{\omega}_n}{\bar{\omega}_{n'}} S_{n'}(s,t) \\ &= \sum_{n=1}^{n'-1} S_n(s,t) + \frac{1}{\varphi_{n'}} S_{n'}(s,t) \end{aligned} \tag{6-24}$$

式中，$1 < n < n'$，$\varphi_{n'} = \sum_{n=n'}^{N} \frac{\bar{\omega}_{n'}}{\bar{\omega}_n}$。

则优先级子队列 n' 在 $[s,t]$ 时间段内的服务过程满足

$$\begin{aligned} S_{n'} &= \varphi_{n'} [BW_{RTA}(t-s) - \sum_{n=1}^{n'-1} S_n(s,t)] \\ &\geqslant \varphi_{n'} [BW_{RTA}(t-s) - \sum_{n=1}^{n'-1} A_n(s,t)] \end{aligned} \tag{6-25}$$

规定 TCN 的交换机不间断连续服务，且不考虑转发过程的丢包问题，则交换机对正在排队的子队列 n，$1 < n' < n$，在 $[s,t]$ 时间段内的有效带宽及累积服务过程满足

$$BW_{RTA}^n = \varphi_n (BW_{RTA} - \sum_{n'=1}^{n-1} \sum_{j=1}^{q} \rho_j^{n'}(\theta)) \tag{6-26}$$

$$S_n(s,t) = BW_{RTA}^n(t-s)$$

根据有效容量理论，TCN 交换机在 $[s,t]$ 时间段内的服务过程矩母函数满足

$$\overline{M}_{S_n}(\theta,s,t) \leqslant e^{-\theta BW_{RTA}^n(t-s)} \tag{6-27}$$

6.3.3 TCN 实时非周期数据积压与时延边界计算

矩母函数可以将随机网络演算过程中的最小加卷积与反卷积运算转换为普通离散随机变量的卷积与反卷积运算。对于相互独立的随机到达与服务过程 $A_n(s,$

t)与 $S_n(s,t)$,网络交换机内的优先级子队列 n 在$[s,t]$时间段内的离开过程有上界为

$$\begin{aligned}
D_n(s,t) &= D_n(0,t) - D_n(0,s) \\
&\leqslant D_n(0,t) - \inf_{0 \leqslant \tau \leqslant s \leqslant t}[A_n(0,\tau) - S_n(\tau,s)] \\
&\leqslant A_n(0,t) - \inf_{0 \leqslant \tau \leqslant s \leqslant t}[A_n(0,\tau) - S_n(\tau,s)] \\
&= \sup_{0 \leqslant \tau \leqslant s \leqslant t}[A_n(\tau,t) - S_n(\tau,s)] \\
&= (A_n \oslash S_n)(s,t)
\end{aligned} \quad (6\text{-}28)$$

$[s,t]$时间段内的数据流量需具有最小值界限 $U_n(s,t)$,当固定时间段内累积离开的数据流超过 $U_n(s,t)$时,则证明交换机处流量过大,可能发生数据积压与时延超限。随机网络演算允许的此种超限发生概率小于 ε,$\varepsilon \in (0,1]$,如下所示:

$$\begin{aligned}
\Pr\{(A_n \oslash S_n)(s,t) \geqslant U_n(s,t)\} &= \Pr\{\sup_{0 \leqslant \tau \leqslant s}[A_n(\tau,t) - S_n(\tau,s)] \geqslant U_n(s,t)\} \\
&= \Pr\{\bigcup_{\tau=0}^{s}[A_n(\tau,t) - S_n(\tau,s)] \geqslant U_n(s,t)\} \\
&\leqslant \sum_{\tau=0}^{s}\Pr\{[A_n(\tau,t) - S_n(\tau,s)] \geqslant U_n(s,t)\} \\
&\leqslant \sum_{\tau=0}^{s} e^{-\theta \sup_{\theta \in (0,\infty)} U(s,t)} E e^{\theta[A_n(\tau,t) - S_n(\tau,s)]} = \varepsilon
\end{aligned}$$

$$(6\text{-}29)$$

式中,第三行变换依据 Boole 不等式,第四行变换依据 Chernoff 边界不等式。

由式(6-29)可知,随机到达过程与离开过程仅与时间段长度$(t-s)$有关,而与时间段两端的时间点无关,$A_n(\tau,t) = A_n(t-\tau)$,$S_n(\tau,s) = S_n(s-\tau)$,令 $\eta = s - \tau$,$\delta = t - s$,$t - \tau = \delta + \eta$,对于相互独立的离散随机过程 $A_n(\delta)$ 与 $S_n(\delta)$,$0 \leqslant s \leqslant t$,反卷积定义如下:

$$A_n(\delta) S_n(\delta) = \sum_{\eta=0}^{\infty} A_n(\delta + \eta) S_n(\delta) \quad (6\text{-}30)$$

则当 $s \to \infty$ 时,式等价于

$$U_n(\delta) = \frac{1}{\theta}\{\ln\{\sum_{\eta=0}^{\infty} E e^{\theta[A_n(\delta+\eta)-S_n(\eta)]}\} - \ln\varepsilon\} \qquad (6\text{-}31)$$
$$= \frac{1}{\theta}\{\ln[M_{A_n}(\theta,\delta)\overline{M}_{S_n}(\theta,\delta)] - \ln\varepsilon\}$$

根据式（6-11）和式（6-12）可得，网络数据流积压边界与时延边界为

$$b = \frac{1}{\theta}\{\ln[M_{A_n}(\theta,0)\overline{M}_{S_n}(\theta,0)] - \ln\varepsilon\} \qquad (6\text{-}32)$$
$$d = \inf\{s \geq 0 : \frac{1}{\theta}\{\ln[M_{A_n}(\theta,-s)\overline{M}_{S_n}(\theta,-s)] - \ln\varepsilon\} \leq 0\}$$

考虑数据流在 TCN 中跨越 m 个交换机的通信情形，如图 6-8 所示。对于优先级子队列 n 中的数据流，需要连续通过多个交换机的转发才能到达目的终端设备。每级交换机以前一级设备的数据离开过程作为当前的到达过程，即对于交换机 m 有 $A_n^m = D_n^{m-1}$。同时，在每一级的交换机处，除优先级子队列 n 外，还包括其他优先级子队列以及实时周期数据业务的到达与离开过程。

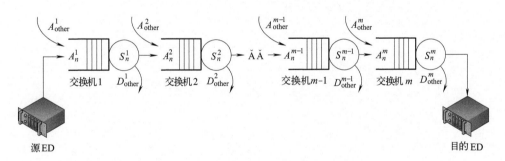

图 6-8　TCN 多交换机级联网络演算模型

按照相关定理，串联系统提供的服务过程为途径的所有网络节点提供的服务过程的最小加卷积，则对于优先级队列 n 中的数据流在 TCN 中经过 m 个交换机的总服务过程满足 $S_n^{net}(s,t) = (S_n^1 \otimes S_n^2 \otimes \cdots \otimes S_n^m)(s,t)$，则多跳网络的服务过程矩母函数满足 $\overline{M}_{S_{net}}(\theta,s,t) \leq \overline{M}_{S_1}(\theta,s,t)\overline{M}_{S_1}(\theta,s,t)\cdots\overline{M}_{S_n}(\theta,s,t)$。

设级联交换机对数据流的服务时间分别为 $u_1, u_2, \cdots, u_m$，到达过程分别为 $A_n(u_1), A_n(u_2), \cdots, A_n(u_m)$，服务过程分别为 $S_n^1(u_1), S_n^2(u_2), \cdots, S_n^m(u_m)$，可得

$$
\begin{aligned}
& M_{A_n}(\theta,\delta)\overline{M}_{S_n^{net}}(\theta,\delta) \\
&= M_{A_n}(\theta,\delta)\overline{M}_{S_n^1}(\theta,\delta)\overline{M}_{S_n^2}(\theta,\delta)\cdots\overline{M}_{S_n^m}(\theta,\delta) \\
&= \sum_{u_{m-1}=0}^{\infty}\cdots\sum_{u_2=0}^{\infty}\sum_{u_1=0}^{\infty} E\mathrm{e}^{\theta[A_n(\delta+u_1+u_2+\cdots+u_m)-S_n^1(u_1)-S_n^2(u_2)-\cdots-S_n^m(u_m)]} \\
&= \sum_{u_{m-1}=0}^{\infty}\cdots\sum_{u_2=0}^{\infty}\sum_{u_1=0}^{\infty} E\mathrm{e}^{\theta[A_n(\delta+u_m)+A_n(u_1)-S_n^1(u_1)+\cdots+A_n(u_{m-1})-S_n^{m-1}(u_{m-1})-S_n^m(u_m)]}
\end{aligned}
$$
(6-33)

根据 Hölder 不等式，设 $a_k>0$，$b_k>0$，$k=1,2,\cdots,n$，$p>1$，$q>1$，且 $\dfrac{1}{p}+\dfrac{1}{q}=1$，则有

$$\sum_{k=1}^n a_k b_k \leqslant \left[\sum_{k=1}^n (a_k)^p\right]^{\frac{1}{p}}\left[\sum_{k=1}^n (b_k)^q\right]^{\frac{1}{q}} \tag{6-34}$$

则式（6-33）等价于

$$
\begin{aligned}
& M_{A_n}(\theta,\delta)\overline{M}_{S_n^{net}}(\theta,\delta) \\
&\leqslant \sum_{u_{m-1}=0}^{\infty}\cdots\sum_{u_2=0}^{\infty}\sum_{u_1=0}^{\infty}\left[E\mathrm{e}^{\theta m[A_n(u_1)-S_n^1(u_1)]}\right]^{\frac{1}{m}}\left[E\mathrm{e}^{\theta m[A_n(u_2)-S_n^2(u_2)]}\right]^{\frac{1}{m}}\cdots \\
&\qquad\qquad \left[E\mathrm{e}^{\theta m[A_n(u_{m-1})-S_n^{m-1}(u_{m-1})]}\right]^{\frac{1}{m}}\left[E\mathrm{e}^{\theta m[A_n(\delta+u_m)-S_n^m(u_m)]}\right]^{\frac{1}{m}} \\
&= \prod_{i=1}^{m-1}\left\{\sum_{u_i=0}^{\infty} E\mathrm{e}^{\theta m[A_n(u_i)-S_n^i(u_i)]}\right\}^{\frac{1}{m}}\left\{\sum_{u_m=-\delta}^{\infty} E\mathrm{e}^{\theta m[A_n(\delta+u_m)-S_n^m(u_m)]}\right\}^{\frac{1}{m}} \\
&= \prod_{i=1}^{m-1}\left\{\sum_{u_i=0}^{\infty} E\mathrm{e}^{\theta m A_n(u_i)} E\mathrm{e}^{-\theta m S_n^i(u_i)}\right\}^{\frac{1}{m}}\left\{\sum_{u_m=-\delta}^{\infty} E\mathrm{e}^{\theta m A_n(\delta+u_m)} E\mathrm{e}^{-\theta m S_n^m(u_m)}\right\}^{\frac{1}{m}}
\end{aligned}
$$
(6-35)

令 $\vartheta=m\theta$，则有

$$
\begin{aligned}
& M_{A_n}(\theta,\delta)\overline{M}_{S_n^{net}}(\theta,\delta) \\
&\leqslant \prod_{i=1}^{m-1}\left\{\sum_{u_i=0}^{\infty} E\mathrm{e}^{\vartheta A_n(u_i)} E\mathrm{e}^{-\vartheta S_n^i(u_i)}\right\}^{\frac{1}{m}}\left\{\sum_{u_m=-\delta}^{\infty} E\mathrm{e}^{\vartheta A_n(\delta+u_m)} E\mathrm{e}^{-\vartheta S_n^m(u_m)}\right\}^{\frac{1}{m}} \\
&\leqslant \prod_{i=1}^{m-1}\left\{\sum_{u_i=0}^{\infty} M_{A_n}(\vartheta,u_i)\overline{M}_{S_n^i}(\vartheta,u_i)\right\}^{\frac{1}{m}}\left\{\sum_{u_m=-\delta}^{\infty} M_{A_n}(\vartheta,\delta+u_m)\overline{M}_{S_n^m}(\vartheta,u_m)\right\}^{\frac{1}{m}}
\end{aligned}
$$
(6-36)

取级联交换机链路中对优先级子队列 n 的有效带宽最小值作为数据端到端链

路的带宽瓶颈，记为 $\min(BW_{\text{RTA}}^n)$，则服务过程为 $S_n(u_i) = \min(BW_{\text{RTA}}^n)u_i$，到达过程为 $A_n(u_i) = \rho_n(\vartheta)u_i$，则积压边界为

$$\begin{aligned} b &= \frac{1}{\theta}\{\ln[M_{A_n}(\theta,0)\overline{M}_{S_n}(\theta,0)] - \ln\varepsilon\} \\ &= \frac{m}{\vartheta}\{\ln\prod_{i=1}^{m}\{\sum_{u_i=0}^{\infty}Ee^{\vartheta\rho_n(\vartheta)u_i}Ee^{-\vartheta\min(BW_{\text{RTA}}^n)u_i}\}^{\frac{1}{m}} - \ln\varepsilon\} \\ &= \frac{m}{\vartheta}\{\ln\prod_{i=1}^{m}\{\sum_{u_i=0}^{\infty}M_{A_n}(\vartheta,u_i)\overline{M}_{S_n}(\vartheta,u_i)\}^{\frac{1}{m}} - \ln\varepsilon\} \\ &= \frac{m}{\vartheta}\{\ln\prod_{i=1}^{m}\{\sum_{u_i=0}^{\infty}e^{-\vartheta[\min(BW_{\text{RTA}}^n) - \rho_n(\vartheta)]u_i}\}^{\frac{1}{m}} - \ln\varepsilon\} \\ &= -\frac{m}{\vartheta}\{\ln\varepsilon + \ln\{1 - e^{-\vartheta[\min(BW_{\text{RTA}}^n) - \rho_n(\vartheta)]}\}\} \end{aligned} \quad (6\text{-}37)$$

式中，第四行的求和问题可转换为服从几何分布的概率和问题，如下所示：

$$\sum_{u_i=0}^{\infty}Ee^{-\vartheta[\min(BW_{\text{RTA}}^n) - \rho_n(\vartheta)]u_i}$$

$$= \frac{1}{1 - e^{-\vartheta[\min(BW_{\text{RTA}}^n) - \rho_n(\vartheta)]}}\sum_{u_i=0}^{\infty}e^{-\vartheta[\min(BW_{\text{RTA}}^n) - \rho_n(\vartheta)]u_i}\{1 - e^{-\vartheta[\min(BW_{\text{RTA}}^n) - \rho_n(\vartheta)]}\}$$

$$= \frac{1}{1 - e^{-\vartheta[\min(BW_{\text{RTA}}^n) - \rho_n(\vartheta)]}}$$

$$(6\text{-}38)$$

同理，时延边界为

$$d = \frac{1}{\theta}\{\ln[M_{A_n}(\theta,-s)\overline{M}_{S_n}(\theta,-s)] - \ln\varepsilon\} \leqslant 0$$

$$\Rightarrow \prod_{i=1}^{m-1}\{\sum_{u_i=0}^{\infty}M_{A_n}(\vartheta,u_i)\overline{M}_{S_n^i}(\vartheta,u_i)\}^{\frac{1}{m}}\{\sum_{u_m=-\delta}^{\infty}M_{A_n}(\vartheta,\delta+u_m)\overline{M}_{S_n^m}(\vartheta,u_m)\}^{\frac{1}{m}} \leqslant \varepsilon$$

$$\Rightarrow \left\{\frac{1}{1 - e^{-\vartheta[\min(BW_{\text{RTA}}^n) - \rho_n(\vartheta)]}}\right\}^{\frac{m-1}{m}}\left\{\frac{e^{-\vartheta\rho_n(\vartheta)s}}{1 - e^{-\vartheta[\min(BW_{\text{RTA}}^n) - \rho_n(\vartheta)]}}\right\}^{\frac{1}{m}} \leqslant \varepsilon$$

$$\Rightarrow d = \inf(s) = \inf\{-\frac{m}{\vartheta\rho_n(\vartheta)}[\ln\varepsilon + \ln(1 - e^{-\vartheta[\min(BW_{\text{RTA}}^n) - \rho_n(\vartheta)]})]\}$$

$$(6\text{-}39)$$

6.4 基于贝叶斯规则的实时非周期业务时延估计方法

6.4.1 业务端到端时延测试

基于随机网络演算可以对多跳交换式以太网中的多优先级队列进行性能边界分析，根据网络结构设计及数据业务安排，在 TCN 投入运行之初，从理论上计算不同业务在网络中传输的时延上界。消息数据和流数据采用了队列调度方法，在网络负载较高的情形下仍然存在端到端时延延迟甚至丢包的可能，并且由于 TCN 中的信道环境相比一般通信系统来说更为恶劣，也加重了数据延迟与丢包的可能性。因此，在网络实际运行及调试时，一般通过测试业务通信时延是否满足截止期要求来衡量 TCN 实时性。

由于消息数据与流数据的实时性与优先级低于过程数据与监视数据，通常不承担列车控制功能，因此正如 6.3 节所规定的，TCN 非周期业务数据帧在端到端递交时，可以在严格控制的极小概率下超过时延上界。本小节将时延上界规定为截止期，将数据帧递交时延超过截止期的概率定义为 TCN 的数据延误率，其计算公式如下：

$$数据延误率 = \frac{业务发送总帧数 - 按时到达总帧数}{业务发送总帧数} \qquad (6-40)$$

根据式 (6-40) 可知，数据延误率的实际测量是一个估计值，测量准确性取决于该业务传输的总数据帧数，测试的样本数据帧越多，测试结果越准确。使用这种方法的困难之处在于，为了使估算出的数据延误率具有足够的可靠性和置信度，通常需要耗费数十小时进行海量数据帧的发送与接收测试，测试效率很低。本小节提出一种基于贝叶斯规则的 TCN 实时非周期数据延误率测试算法，将端到端时延测试转化为统计学上的置信度问题进行求解，利用贝叶斯后验统计概率模型对数据延误率进行估计，较之传统的、持续对海量数据帧进行时延测试的延误率估计方法，该方法在满足测试结果准确度的条件下能够更快速地获得端到端时延超过截止期的概率估计结果，提高测试效率。

测试原理如图 6-9 所示，时延测试分业务进行，不同的业务根据优先级和关键性不同可以要求不同的截止期上界和延误率指标。为了实现过程数据与监视数据的时间触发调度，TCN 已经基于全局时钟进行了时钟同步，此时由待测试业务源设备发出的非周期数据，如消息数据和流数据的数据帧，带有全局时钟时间戳和截止期字段，如图6-9所示。此时接收端简单比较本地时钟与时间戳字段的差值，以判断当前数据帧是否满足截止期要求。

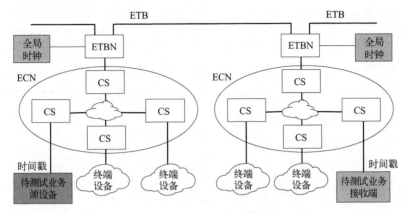

图 6-9　以太网端到端时延测试结构

6.4.2　数据帧延误先验与后验概率分布

由于贝叶斯后验统计概率模型以先验信息为基础，因此需要选择数据延误率的先验分布，给出先验信息。用 ε 表示非周期数据的数据延误率，设"在业务发送 N 个数据帧的过程中共发生 K 次时延超过截止期或丢包"的事件概率服从二项式分布，似然函数等于概率分布函数，如下所示：

$$L(\varepsilon)=\Pr(K|\varepsilon,N)=C_N^K \varepsilon^K (1-\varepsilon)^{N-K} \tag{6-41}$$

为了简化后验概率分布的数学处理难度，数据帧时延延误率样本的分布采用共轭先验分布进行描述，即选用与似然函数具有相同核分布的函数作为先验分布。二项式分布成功概率 ε 的共轭先验分布服从 Beta 分布，即 $\Pr(\varepsilon) \sim \text{Beta}(a,b)$，概率密度函数如下所示：

$$f(\varepsilon)=\frac{\varepsilon^{a-1}(1-\varepsilon)^{b-1}}{\text{Beta}(a,b)}, \varepsilon \in [0,1] \tag{6-42}$$

式中，$\text{Beta}(a,b)=\int_0^1 x^{a-1}(1-x)^{b-1}\mathrm{d}x$，参数 a、b 为 Beta 分布的先验

信息。

由于数据帧延误率 $\varepsilon \in [0,1]$，而 Beta 分布满足在 $[0,1]$ 区间上连续取值，因此可以较好地拟合先验信息。并且在选择 Beta 分布作为数据延误率共轭先验分布的前提下，则 ε 的后验概率分布也服从 Beta 分布，仅 a、b 参数值不同，可以大大简化后期数学处理的计算难度。

Beta 分布参数 a、b 可以利用先验矩方法求解。通过前期的测试结果，可以获得待测试业务的若干个估计值，由此可以得出业务数据延误率的先验均值 $\bar{\varepsilon}$ 和先验方差 S_ε^2。令延误率的先验均值与先验方差分别等于 Beta 分布的期望和方差，可求解 Beta 分布参数 a、b 如下所示：

$$\left. \begin{aligned} \frac{a}{a+b} &= \bar{\varepsilon} \\ \frac{ab}{(a+b)^2(a+b+1)} &= S_\varepsilon^2 \end{aligned} \right\} \Rightarrow \begin{aligned} a &= \frac{(1-\bar{\varepsilon})\bar{\varepsilon}^2}{S_\varepsilon^2} - \bar{\varepsilon} \\ b &= \frac{a(1-\bar{\varepsilon})}{\bar{\varepsilon}} \end{aligned} \tag{6-43}$$

根据贝叶斯假设，在初次进行业务时延测量而没有历史数据的情况下，假设数据帧超出截止期的概率在区间 $[0,1]$ 上的每一点上概率均等，取 $a=b=1$，则此时 Beta 分布退化为区间 $[0,1]$ 上的均匀分布。

根据贝叶斯规则，"在业务发送 N 个数据帧的过程中共发生 K 次时延超过截止期或丢包"的事件，其数据帧延误概率 ε 的后验概率服从如下所示的分布密度：

$$\Pr(\varepsilon \mid K,N) = \frac{\Pr(K \mid \varepsilon,N)f(\varepsilon)}{\int_\Theta \Pr(K \mid \varepsilon,N)f(\varepsilon)\mathrm{d}\varepsilon} \tag{6-44}$$

式中，$0<\varepsilon<1$；$K=0,1,\cdots,N$；$\Pr(K\mid\varepsilon,N)f(\varepsilon)$ 为数据帧超过截止期的样本数 K 与延误率 ε 的联合概率分布；$\int_\Theta \Pr(K\mid\varepsilon,N)f(\varepsilon)\mathrm{d}\varepsilon$ 为数据帧超过截止期的样本数 K 的边缘密度。具有解析表达式如下：

$$\begin{aligned} \Pr(K\mid\varepsilon,N)f(\varepsilon) &= C_N^K \varepsilon^{K+a-1}(1-\varepsilon)^{N-K+b-1} \\ \Rightarrow \int_\Theta \Pr(K\mid\varepsilon,N)f(\varepsilon) &= C_N^K \int_0^1 \varepsilon^{K+a-1}(1-\varepsilon)^{N-K+b-1}\mathrm{d}\varepsilon \end{aligned} \tag{6-45}$$

因此，可得数据帧超出截止期的延误率 ε 的后验概率分布如下：

$$\Pr(\varepsilon|K,N) = \frac{\varepsilon^{K+a-1}(1-\varepsilon)^{N-K+b-1}}{\int_0^1 \varepsilon^{K+a-1}(1-\varepsilon)^{N-K+b-1}\mathrm{d}\varepsilon}$$

$$\sim \mathrm{Beta}(K+a, N-K+b), K=0,1,\cdots,N, 0<\varepsilon<1$$

(6-46)

后验概率分布服从 $\mathrm{Beta}(K+a, N-K+b)$，且概率均值与方差如下：

$$E(\varepsilon|K,N) = \frac{K+a}{N+a+b} = \gamma\frac{K}{N} + (1-\gamma)\frac{a}{a+b}$$

$$Var(\varepsilon|K,N) = \frac{(K+a)(N-K+b)}{(N+a+b)^2(N+a+b+1)} = \frac{E(\varepsilon|K,N)[1-E(\varepsilon|K,N)]}{N+a+b+1}$$

(6-47)

式中，$\gamma = \frac{N}{N+a+b}$；$\frac{K}{N}$ 为数据帧延误率的样本均值；$\frac{a}{a+b}$ 为数据帧延误率的先验均值。

由式（6-47）可知，延误率的后验均值位于样本均值与先验均值之间，由 γ 决定其在两种均值之间的偏向，且随着测试帧样本数量的增大，延误率后验均值主要取决于样本均值。后验方差随测试的进行越来越小，后验分布逐渐向 K/N 集中，先验信息对后验概率的影响逐渐变小。在时延测试时，由于被测业务的样本帧数很大，因此在进行无历史数据的时延测试时，按照贝叶斯假设可选择先验信息 $a=b=1$，所得的最终误差在可接受范围内。

6.4.3 基于目标置信度的端到端数据延误率估计算法

在 TCN 业务数据端到端时延测试中，由于非周期业务的随机性，网络对数据帧递交过程中产生的延误率无法测量出精确值，只能通过长时间的测试进行估计和验证。若网络测试过程中，通过后验概率分布得出的数据帧延误率在样本测试时间内小于标准规定值，且估值结果具有较高的可信度，则可以认为测试通过，从而引入置信度分析，将数据帧时延延误概率估计问题转化为统计学问题。在时延测试过程中，将业务的实际数据帧延误率优于规定标准的概率作为测试的统计置信度，若置信度超过预设目标，则认为测试结果符合预期目标，判断标准如下：

当数据帧延误率 ε 小于预设标准值的概率大于置信度 CL，即

$$\Pr(\varepsilon \leqslant h \mid K, N) = \int_0^h \Pr(\varepsilon \mid K, N) \mathrm{d}\varepsilon \geqslant CL \tag{6-48}$$

则认为该业务在网络中传输的端到端时延测试通过。

反之，当数据帧延误率 ε 大于预设标准值的概率大于置信度 CL，即

$$\Pr(\varepsilon \geqslant h \mid K, N) = \int_h^1 \Pr(\varepsilon \mid K, N) \mathrm{d}\varepsilon = 1 - \int_0^h \Pr(\varepsilon \mid K, N) \mathrm{d}\varepsilon \geqslant CL \tag{6-49}$$

则认为网络针对该业务的端到端时延测试不符合要求。

置信区间的估计依赖于数据帧延误率 ε 的分布函数 $\Pr(\varepsilon \leqslant h \mid K, N)$，服从 Beta 分布的随机变量的分布函数可表示为完全 Beta 函数与不完全 Beta 函数的比值，即归一化不完全 Beta 分布，进而将"以时延超过截止期的数据帧数量为自变量的延误率求解"转化为"以延误率为自变量的置信区间估计"，取 Beta 分布参数 $a = b = 1$，则数据帧延误率 ε 的分布函数如下：

$$\Pr(\varepsilon \leqslant h \mid K, N) = \int_0^h \Pr(\varepsilon \mid K, N) \mathrm{d}\varepsilon = \frac{\int_0^h \varepsilon^K (1-\varepsilon)^{N-K} \mathrm{d}\varepsilon}{\int_0^1 \varepsilon^K (1-\varepsilon)^{N-K} \mathrm{d}\varepsilon} \tag{6-50}$$

$$\sim \mathrm{Beta}(h; K+1, N-K+1)$$

式（6-50）给出了对于特定业务，测试 N 个发送数据帧而发生 K 次延误的概率 ε 小于规定值 h 的概率分布，可以以此确定延误率的上界，判断 ε 是否优于规定标准。

对于更精确的数据帧延误率测试，需要在目标置信度下，进行数值区间约束下的计算，求解满足置信度要求的数据帧延误率的上界 h 与下界 l，使延误率结果位于区间 [l, h] 内的概率大于置信度 CL，如下所示：

$$\Pr(l \leqslant \varepsilon \leqslant h \mid K, N) = \int_l^h \Pr(\varepsilon \mid K, N) \mathrm{d}\varepsilon \geqslant CL \tag{6-51}$$

当式（6-51）成立时，证明数据帧延误率 ε 位于 [l, h] 内结果可信；反之，若概率结果小于置信度 CL，证明延误率位于 [l, h] 之内的结果不足以采信。

对于给定的后验概率密度分布 $\Pr(\varepsilon \mid K, N)$ 和置信度 CL，数据帧延误率的上界与下界求解方法一般有对称置信区间法与最小宽度置信区间法。虽然后者对于 [l, h] 求解精度更高，所得区间长度更小，但是计算复杂，耗时长，占用硬件资源多，不符合现场测试高效性的要求。本小节利用对称置信区间法，对数据帧延误率进行测量，选择合适的下界 l 与上界 h，使延误率 ε 低于 l 与高于 h 的概率

相等，满足

$$\int_0^l \Pr(\varepsilon|K,N)\mathrm{d}\varepsilon = \int_h^1 \Pr(\varepsilon|K,N)\mathrm{d}\varepsilon = \frac{1-CL}{2} \tag{6-52}$$

通过式（6-52）可计算出 l 与 h 数值，并验证 $\Pr(l \leqslant \varepsilon \leqslant h|K,N)$ 大于或等于目标置信度 CL，可得出该业务在网络中传输的数据帧延误率，即在目标测试样本数量 N 内，超过业务截止期要求的数据帧数小于 K 的概率位于区间 $[l,h]$ 内，且具有 CL 以上的置信度。

6.5 算例仿真与分析

6.5.1 随机网络演算算例分析

本小节通过随机网络演算理论计算 TCN 实时非周期数据加权轮询调度的最大端到端时延上限。目前实际运营的列车中，头车与尾车挂接的设备最多，为充分考虑裕量，本小节假设列车共有 8 节车厢，每节车厢挂载 15 台具有以太网实时非周期数据通信需求的设备，并且所有设备都需要与头车或尾车的中央控制单元（Central Control Unit，CCU）进行通信，因此网络的通信瓶颈为 CCU 与对应交换机之间的链路，本小节考虑所有业务在该交换机处的调度排队时延。网络各端口及链路的通信速率均为全双工 100Mbps，其中为时间触发的周期数据调度预留 20Mbps 的带宽，实时非周期数据的总带宽为 80Mbps，各设备所需要发送和接收的实时非周期数据参数如表 6-2 所示，本小节用不同业务需求的 TCN 消息数据（Message Data，MD）代表实时非周期数据负载。

表 6-2 实时非周期数据参数

最小发送间隔/ms	优先级-1队列	优先级-2队列	优先级-3队列	优先级-4队列	优先级-5队列	帧长/Byte
16	MD-1	MD-2	—	—	—	64
32	MD-3	MD-4	MD-5	—	—	128
64	—	MD-6	MD-7	MD-8	—	256
128	—	—	MD-9	MD-10	MD-11	512
256	—	—	—	MD-12	MD-13	1024

首先，验证随机网络演算理论对确定性网络演算在端到端最大时延边界上的收缩与扩大性能。设数据流在交换机处采用 FCFS 策略，消息数据的到达过程服从参数为 16ms 的泊松过程，数据帧长为 1500Byte，随机网络演算的违规概率 ε 分别取 10^{-6}、10^{-10}、10^{-20}、10^{-50} 和 0，$\varepsilon=0$ 代表此时采用的是确定网络演算，单交换机处的数据流排队最大时延随端口负载率的变化如图 6-10 所示。

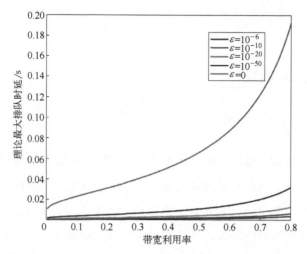

图 6-10　不同 ε 下，交换机最大排队时延随带宽利用率的变化

当端口负载率较低时，数据流及数据帧较少，随机网络演算中数据帧端到端时延的违规概率对最大时延的影响并不显著。随着数据流的增长，确定性网络演算与随机网络演算求解的最大时延数值差异越来越大。在本例中，当网络负载率为 80% 时，随 ε 增减小，理论最大时延依次增大，分别为 0.0291s、0.0315s、0.0376s、0.0560s、0.0867s、0.2120s。当 $\varepsilon=0$ 时，网络最大时延具有最"保险"的时延边界，数据传输时延不会超过此边界，但此边界时延较保守，在网络设计之初，如果按照此方法设计网络业务，则会造成较大的带宽浪费，不能充分利用带宽。当 ε 较大时，理论时延边界较低，此时在网络设计阶段可以安排较多的网络业务，但在实际运行时存在时延超限的风险。因此，随机网络演算理论可以根据业务的关键程度灵活设置概率 ε，通过对最大时延边界的收缩与扩大调整，优化网络时延分析，同时可以在网络设计阶段更合理地安排网络业务数据流量。

其次，验证本章所提出的基于 DSRR-EDF 的调度方法的理论最大时延边界，按照表 6-2 配置通信流量，时延违规概率 $\varepsilon=10^{-10}$，根据 IEC 61375-3-4 的规定，本小节为 TCN 的实时非周期数据设置 5 个优先级队列，队列 1 优先级最高，队列 5 优先级最低。优先级队列 1 的轮询调度权重从 150 逐步增长到 500，优先级队列 2~5 的调度权重分别为 100、50、25、20，此时，各个优先级队列的理论最大时延变化如图 6-11 所示。

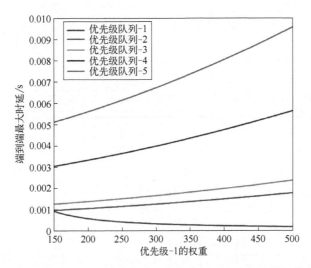

图 6-11 不同优先级队列最大时延随优先级 1 队列权重增长的变化

随着高优先级队列调度权重的增长，优先级队列 1 的理论最大时延逐步降低，同时由于更多的调度资源向高优先级队列倾斜，其他较低优先级队列的理论时延逐步增大，并且优先级越低的队列，时延增长幅度越大。当队列 1~5 的轮询调度权重分别为 500、100、50、25、20 时，队列时延分别为 1.94×10^{-4}s、1.78×10^{-3}、2.38×10^{-3}s、5.65×10^{-3}s、9.58×10^{-3}s。

按照本小节设置，CCU 在与所属交换机之间的端口及链路上，需同时与所有 120 个车载设备的数据流进行通信，每个设备按照表 6-2 进行消息数据业务设置。为衡量其中某一优先级队列数据量的变化对其他队列理论最大时延的影响，设具有该优先级业务需求的设备数量从 50~150 逐渐增长，具有其他优先级业务需求的设备数量固定为 120，所得该优先级队列的理论最大时延变化如图 6-12 所示。

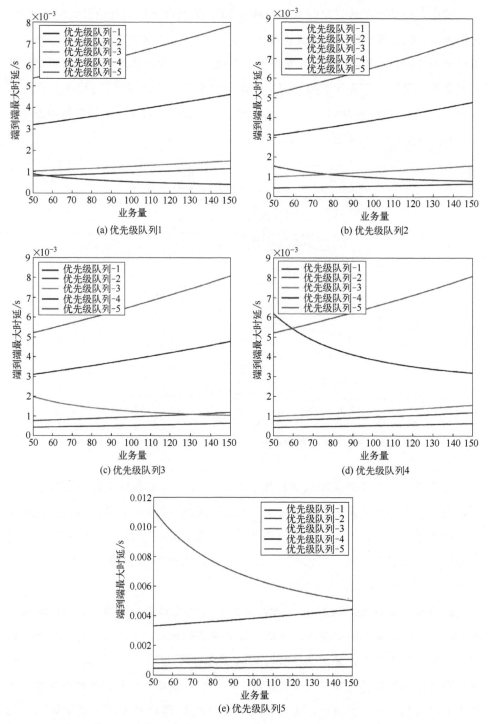

图 6-12 不同优先级队列最大时延随各自队列业务量增长的变化

如图 6-12(a) 所示，随着优先级队列 1 业务量的增长，DSRR 使优先级队列 1 的轮询权重逐步增加，因此该优先级队列的最大理论时延有所下降。同时，由于优先级 1 的权重增加，导致优先级 2~5 的相对权重有所下降，所分配的传输带宽减小，因此低优先级队列的理论最大时延有所增大，并且队列的优先级越低，所受高优先级队列业务量增加的影响越大。以图 6-12(a) 为例，优先级队列 1 的业务量从 50 个设备增长到 150 个设备，由权重变化带来的最大时延下降了 4.82×10^{-4} s。相应地，优先级队列 2~5 的理论最大时延分别增长了 3.59×10^{-4} s、4.88×10^{-4} s、1.40×10^{-3} s、2.50×10^{-3} s。

6.5.2 DSRR-EDF 调度仿真

本小节以一种改进型的高速动车组 TCN 结构、设备种类、数量及业务参数为原型，在 OPNET 网络仿真软件中搭建实验平台，从仿真角度验证本书提出算法的有效性，仿真模型如图 6-13 所示。该网络由两个动力单元组成，两个动力单元子网通过 ETBN 进行通信。列车为八编组，每节车厢各设置一个 ECN，每个 ECN 由一台列车交换机和 15 个车载设备构成。头车与尾车各有一台 CCU，与 ETBN 相连，各 ECN 中的车载设备与头车的 CCU 都需进行实时周期与非周期数据的业务通信。

网络首先通过第 5 章的方法为实时周期数据（过程数据、监视数据）计算静态调度表。在实际列车运行过程中，过程数据与监视数据承担列车控制任务，帧长较短。因此本小节取过程数据与监视数据长度为 64 Byte，周期为 2^n ms，$n=4,5,6,7$，每个车载设备随机选择周期，各自承担 8 条实时周期业务。

确定实时周期数据调度表后，交换机按照本章所研究的 DSRR-EDF 两级调度算法，调度实时非周期数据。数据分为 5 类优先级，每类优先级中数据帧的到达概率服从泊松（Possion）分布，分布参数随机取 16ms、32ms、64ms、128ms、256ms，实时非周期数据的数据帧长度在 [64Byte, 1500Byte] 内服从均匀分布。端口及链路带宽为 100Mbps。式中优先级数值为 16∶8∶4∶2∶1，影响因子 $\alpha=0.2$，$\beta=0.6$，$\gamma=0.2$，每条优先级队列 $Buff\_len=20$MB，min $(frame\_len)=64$B。

在上述配置下的仿真过程中，CCU 需要接收 TCN 中所有设备的实时非周期

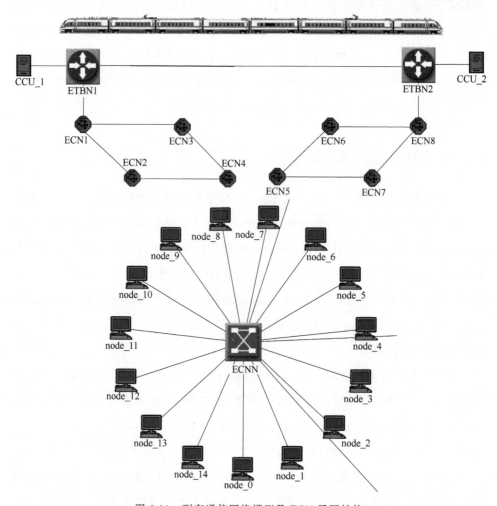

图 6-13 列车通信网络模型及 ECN 子网结构

数据,因此网络的最大吞吐量位于头车 CCU 与 ETBN 之间的连接链路,其中实时非周期数据的实时吞吐量为 72.572Mbps,如图 6-14 所示。这一通信量远大于目前列车通信网络中消息数据的需求总量。

本小节在这种吞吐量配置下,考察所提出的调度算法的排队时延性能,并与先到达先服务(First Come First Service,FCFS)、严格优先级队列(Strictly

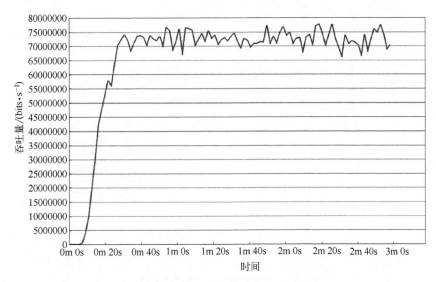

图 6-14　网络实时非周期数据最大吞吐量

Priority Queue，SPQ)、加权轮询调度（Weighted Round Robin，WRR）3 种调度算法的时延性能进行对比，网络中实时非周期数据 5 类优先级的实时最大时延及相应的最大时延概率密度分布，如图 6-15 所示，平均时延如表 6-3 所示，最大时延如表 6-4 所示。

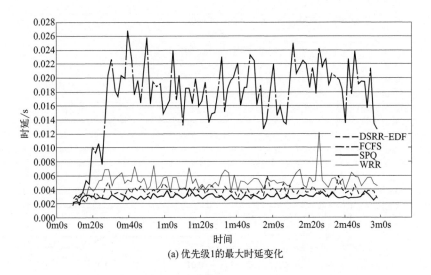

(a) 优先级1的最大时延变化

图 6-15

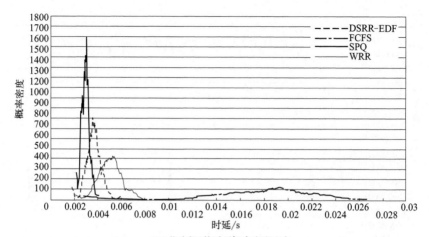

(b) 优先级1的时延概率密度分布

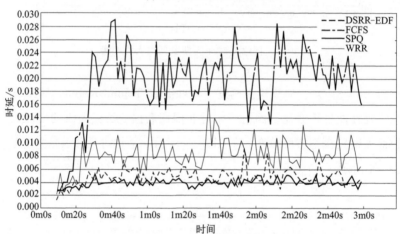

(c) 优先级2的最大时延变化

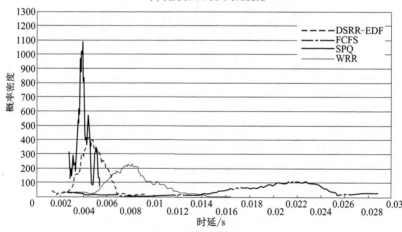

(d) 优先级2的时延概率密度分布

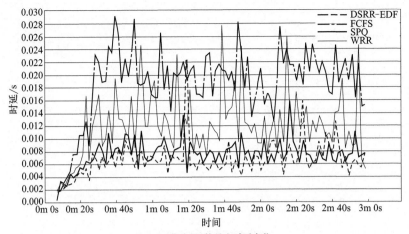

(e) 优先级3的最大时延变化

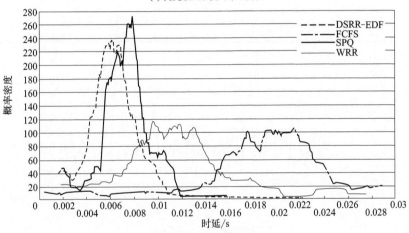

(f) 优先级3的时延概率密度分布

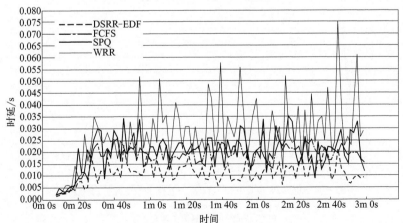

(g) 优先级4的最大时延变化

图 6-15

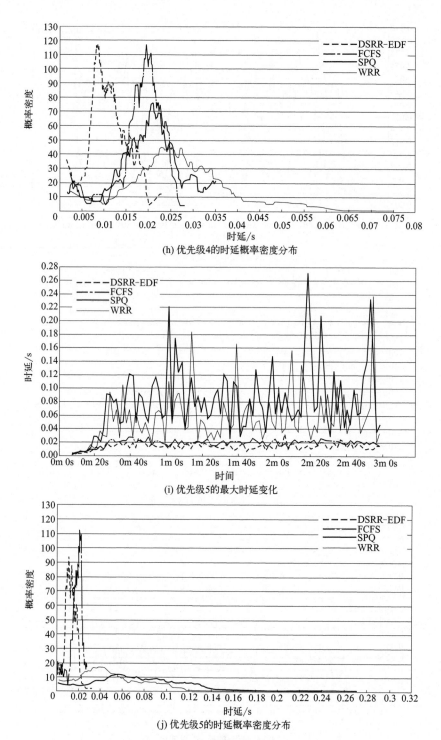

(h) 优先级4的时延概率密度分布

(i) 优先级5的最大时延变化

(j) 优先级5的时延概率密度分布

图 6-15　5类优先级数据网络时延变化和概率密度分布

表 6-3 5 类优先级数据平均时延　　　　　　　　　　　　　　　　　　s

调度算法	优先级 1	优先级 2	优先级 3	优先级 4	优先级 5
FCFS	0.0187	0.0210	0.0202	0.0198	0.0196
SPQ	0.0030	0.0040	0.0079	0.0217	0.0884
WRR	0.0053	0.0086	0.0128	0.0302	0.0614
DSRR-EDF	0.0038	0.0050	0.0070	0.0120	0.0139

表 6-4 5 类优先级数据最大时延　　　　　　　　　　　　　　　　　　s

调度算法	优先级 1	优先级 2	优先级 3	优先级 4	优先级 5
FCFS	0.0268	0.0290	0.0290	0.0283	0.0275
SPQ	0.0041	0.0052	0.0158	0.0352	0.2723
WRR	0.0121	0.0165	0.0277	0.0751	0.2382
DSRR-EDF	0.0061	0.0092	0.0222	0.0231	0.0331

由图 6-15 和表 6-3、表 6-4 可以看出，FCFS 调度由于不考虑数据的优先级类型，而是按照先到达先服务的原则进行数据转发，因此不同优先级队列之间的调度公平性最强，平均时延 0.02s，最大时延差距不大，基本在 0.025～0.029s，高优先级的数据时延较差。

SPQ 调度以牺牲其他优先级队列数据的实时性为代价，最高优先级队列平均时延 0.003s，最大时延 0.0041s，获得了 4 种算法中最小的时延，但优先级队列 5 的数据最大时延超过 0.27s，该数值对于 TCN 来说难以接受，因此调度公平性最差。

WRR 调度与本章提出的 DSRR-EDF 调度均通过队列间的权重比例，为优先级分配不同的调度数据量，进而满足不同数据队列的实时性要求。由于 WRR 的权重分配在网络运行过程中是固定不变的，当队列到达的数据帧数据量比例与权重分配比例不同时，会在队列中产生较大的数据积压，进而导致时延快速上升，并且由于 WRR 对于某一优先级队列的轮询策略是"块状"的，因此高优先级队列的带宽占用时间过长也会在一定程度上增加低优先级队列的时延，如 WRR 调度的优先级 4 和 5，平均时延为 0.0302s 和 0.0614s，最大时延为 0.0751s 和 0.2382s，这一数值与 DSRR-EDF 的平均时延 0.0120s 和 0.0139s，最大时延

0.0231s 和 0.0331s 相比，有较大不足。

DSRR-EDF 由于采用动态权重变化策略，网络调度过程中能够根据当前业务量的变化及时更新权重，减少队列积压。同时，平滑加权轮询算法将轮询时间从"块状"变为"散点状"，避免了高优先级队列对带宽的阻塞，增加了队列间的调度均衡性，从仿真所采用的 4 种调度算法的平均时延与最大时延性能上看，兼顾了算法的公平性、实时性。另外，算法实现的复杂度要低于现有其他改进型权重轮询算法。

6.5.3 贝叶斯时延测试方法分析

本小节按照图 6-9 所示对 TCN 某优先级子队列业务进行实验。根据业务要求，设该队列实时性要求为数据帧端到端时延超过截止期的概率不高于 0.1‰，因此取 $h=10^{-4}$，置信度设为 $CL=0.95$。在仿真过程中，业务接收端统计应接收数据帧数、实际接收数据帧数、丢包数、业务时延及超过截止期的数据帧数，以均衡分布作为先验信息，即 $a=1$，$b=1$（$\bar{\varepsilon}=0.5$，$S_\varepsilon^2=1/12$），同时采用 Gauss-Kronrod 积分算法，求取 $\Pr(\varepsilon\leqslant h|K,N)$ 的数值解。

图 6-16(a) 所示为测试业务在统计样本内，时延超过截止期的数据帧数（包括丢包）$K=4$ 时的计算曲线。图中横轴为测试的统计样本数，纵轴为延误率小于规定标准的置信度，虚线代表上下置信水平。当延误率小于规定标准大于置信水平上界时，测试过程终止，此时可以认为该业务在 TCN 中的数据帧传输延误率小于 0.1‰，网络的实时性水平满足业务要求。反之，当延误率小于标准值的置信水平下界时，则认为该业务在 TCN 中的数据帧传输延误率大于 0.1‰，网络的实时性水平不满足业务要求。曲线的拐点处为超出截止期的数据帧被统计到的位置。图 6-16(a) 中，当测试结束时，总测试业务数据帧数为 91532 帧，此时数据帧延误概率为 4.37×10^{-5}，且小于 0.1‰具有 0.95 的置信度，因此该业务在 TCN 通信中的端到端时延延误率符合要求。

在本书算法中，测试所需的时间与实际需要统计的总样本数不再是测试标准中的规定值，而是取决于所设定的业务时延延误率标准与其在 TCN 中的实际延误率数值的接近程度。当业务在网络中的真实延误率越接近设定的标准，所需要统计的总数据帧数越多，需要的测试时间也越长。如图 6-16(b) 所示，总测试业务数据帧数为 165000 帧，统计到的时延超过截止期样本数为 17 帧，此时数据帧延误概率为 0.103‰，很接近延误率标准 0.1‰，因此测试长时间无法停止。当测试时间在规定时间限度内仍然达不到置信度水平时，则认为业务的实时性水平不能满足要求，需要重新调整调度算法或业务配置。

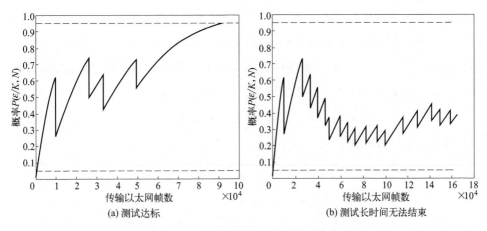

图 6-16 时延延误率的概率密度曲线

图 6-17 所示为时延测试结果不达标的实例。图 6-17(a) 中，总测试业务帧数为 22001 帧时，统计到的时延超过截止期样本数为 5 帧，此时数据帧延误概率为 2.27×10^{-4}，其小于延迟率规定标准的置信度小于 0.05，因此认为该业务在 TCN 中的端到端时延延误率大于 0.1‰，不能满足业务实时性要求。图 6-17(b)

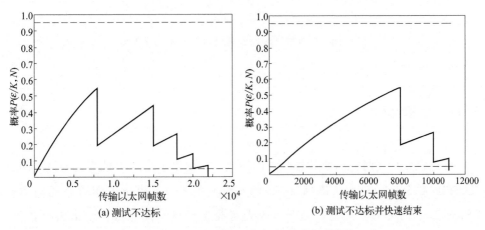

图 6-17 时延延误率不达标的概率密度曲线

为业务超过截止期的数据帧数量远大于设定的标准值的仿真情形，此时测试过程快速结束，且得出业务在网络中的实时性不符合要求的结论。

在业务端到端时延延误率小于设定的标准值估计的基础上，可以基于对称置信区间，求解延误率估计值的上下界，缩小延误率的估计值范围，以获得更精确的测量结果。测试采用与图 6-16(a) 相同的测试参数，目标置信度为 0.95，测试共统计了业务数据帧样本 1.0×10^5，其中时延超过截止期的样本数为 4 帧，按照式（6-52）求取归一化不完全 Beta 函数的反函数，并计算数据帧延误率的上下界数值解，如图 6-18 所示，随着统计样本数量的增加，上下界之间的区间长度逐步减小，结果趋于收敛，当测试结束时，得到网络通信的延误率理论上界值为 9.25×10^{-5}，下界值为 1.99×10^{-5}，满足时延延误率小于 0.1‰ 的结论，同时精确了延误率的估值区间。

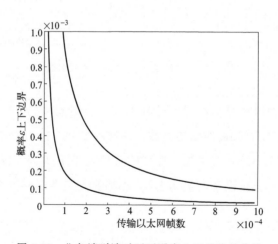

图 6-18　业务端到端时延延误率上下界收敛曲线

6.6　本章小结

本章在分析实时非周期数据特点的基础上，提出了实时非周期数据与时间触发数据的融合传输机制；依据 TCN 优先级业务特点，提出了实时非周期数据 DSRR-EDF 两级调度方案，综合考虑业务排队长度、优先级、差错丢包数量、最小截止期等因素，避免高优先级业务数据长时间阻塞端口，并且合理调整轮询顺序，保证了子队列轮询公平性与均衡性，提高了网络业务整体的时延性能，并保证了同一实时非周期数据优先级队列内紧急数据的优先转发。

在理论时延计算方法上，基于随机网络演算理论，在充分考虑时间触发数据业务影响的条件下，允许非周期业务在规定的概率下超出统计边界，计算不同优先级业务的时延边界，一方面时延计算更松弛准确，另一方面能够使TCN在设计阶段充分容纳更多的实时非周期业务。在现场测试方法上，建立实时业务数据端到端递交延误率的先验概率分布，通过统计有限时间内测试样本中超过截止期的延误帧数量，建立基于贝叶斯规则的延误率后验概率模型，将时延测试问题转化为统计学的置信度问题，以此估计网络实时业务的总体时延表现。本章基于OPNET建立TCN实时周期与非周期数据仿真模型，理论计算和仿真结果表明，本章所提的DSRR-EDF算法采用动态权重变化策略，使网络调度过程中能够根据当前业务量的变化，及时更新权重，减少队列积压，避免了高优先级队列对带宽的阻塞。虽然在最高优先级数据的递交端到端时延上略高于严格优先级调度，但从整体调度性能上看，兼顾了算法的公平性、实时性和算法实现的复杂度。

参考文献

[1] 李平,邵赛,薛蕊,等. 国外铁路数字化与智能化发展趋势研究[J]. 中国铁路,2019(02):25-31.

[2] 刘长青. 京张高铁智能动车组关键技术研究与应用[J]. 中国铁路,2019(09):9-13.

[3] Gaj P, Jaspemeite J D, Felser M. Computer Communication within Industrial Distributed Environment-a Survey[J]. IEEE Transactions on Industrial Informatics,2013,9(1):182-189.

[4] Aryafar E, Salonidis T, Jingpu S, et al. Synchronized CSMA Contention:Model, Implementation, and Evaluation[J]. IEEE/ACM Transactions on Networking,2013,21(5):1349-1362.

[5] Joonkyo K, Bum Y L, Jaehyun P. Preemptive Switched Ethernet for Real-time Process Control System[C]. 2013 11th IEEE International Conference on Industrial Informatics, Bochum, 2013:171-176.

[6] IEC 61375-2-3:Electronic railway equipment-Train communication network (TCN) communication profile[S]. 2015.

[7] IEC 61375-2-4:Electronic railway equipment-Train communication network (TCN) application profile[S]. 2017.

[8] IEC 61375-2-5:Electronic railway equipment-Train communication network (TCN) Ethernet train backbone[S]. 2014.

[9] IEC 61375-3-4:Electronic railway equipment-Train communication network (TCN) Ethernet Consist Network[S]. 2014.

[10] 于海波,王波,张晓坤. 中国标准化动车组网络控制系统及故障诊断功能概述[C]. 第十二届中国智能交通年会大会论文集,2017:794-799.

[11] 王吉松,王景波,李文斌. 新型高速卧铺动车组网络控制系统[J]. 铁道机车与动车,2017(12):6-9.

[12] 陈立,郁兆旺. 基于LonWorks通信的动车组拖车网络控制系统[J]. 控制与信息技术,2019(05):72-76,87.

[13] 李洁,饶东,张文彬. 北京大兴机场线电动客车以太网网络控制与诊断系统[J]. 铁道机车车辆,2019,39(06):106-110.

[14] 李拥军. 基于实时以太网的中低速磁浮列车网络控制系统[J]. 电力机车与城轨车辆,2018,41(02):12-14.

[15] 陈勇,黄湘勇,赵文志,等. 地铁车辆多网融合实时以太网技术研究[J]. 现代城市轨道交通,2019(07):40-45.

[16] 赵冬,杨奇科,叶彪. 基于以太网的第2代分布式列车网络控制系统(DTECS-2)[J]. 城市轨道交通研究,2016,19(01):69-73.

[17] 严翔. 列车网络化控制系统中控制与调度协同的研究[D]. 北京:北京交通大学,2015.

[18] Minaeva A, Akesson B, Hanzálek Z, et al. Time-Triggered Co-Scheduling of Computation and Communication with Jitter Requirements[C]. IEEE Transactions on Computers,2018,67(1):115-129.

[19] Pozo F, Rodriguez-Navas G, Hansson H, et al. SMT-based Synthesis of TTEthernet Schedules:A Performance Study[C]. Proceedings of the 10th IEEE International Symposium on Industrial Embedded Systems (SIES), Siegen, Germany,2015:1-4.

[20] Craciunas S S, Oliver R S. Combined Task and Network-level Scheduling for Distributed Time-triggered Systems[J]. Real-Time Syst, 2015, 52: 161-200.

[21] 宋梓旭, 李峭, 汪晶晶, 等. 基于可调度性排序的时间触发调度表生成方法[J]. 北京航空航天大学学报, 2018, 44 (11): 2388-2395.

[22] 徐晓飞, 曹晨, 郭骏, 等. TT-RMS: 时间触发网络通信表生成算法[J]. 北京航空航天大学学报, 2015, 41 (8): 1403-1408.

[23] 张超, 南建国, 褚文奎, 等. 改进的 TT-RMS 调度表生成算法[J]. 空军工程大学学报 (自然科学版), 2016, 17 (06): 82-87.

[24] Wang N C, Yu Q H, Wan H, et al. Adaptive Scheduling for Multicluster Time-Triggered Train Communication Networks[C]. IEEE Transactions on Industrial Informatics, 2019, 15 (2): 1120-1130.

[25] Craciunas S S, Oliver R S. SMT-based Task-and Network-level Static Schedule Generation for Time-Triggered Networked Systems[C]. International Conference on Real-time Networks & Systems, 2014: 45-54.

[26] Domitian T S, Pop P, Steiner W. Design Optimization of TTEthernet-based Distributed Real-time Systems[J]. Real Time Systems, 2015, 51 (1): 1-35.

[27] 侯世武, 谭献海. TCSN 业务流量及传输特性分析[J]. 微型机与应用, 2017, 36 (17): 62-64+67.

[28] 赵晋南, 谭献海, 张华, 等. 动态令牌分配的 TCSN 多级令牌桶流量监管算法[J]. 计算机工程, 2018, 44 (08): 100-104, 111.

[29] 张华, 谭献海, 赵晋南, 等. 动态调整调度配额的 TCSN 调度算法[J]. 计算机应用研究, 2018, 35 (11): 3267-3270.

[30] 钟廷. 基于业务的 TCSN 网络调度算法应用研究[D]. 成都: 西南交通大学, 2016.

[31] 白雪. 列车控制与服务网络业务分类识别与建模[D]. 成都: 西南交通大学, 2017.

[32] 张英静, 何锋, 卢广山, 等. 基于 TTE 的改进加权轮询调度算法[J]. 北京航空航天大学学报, 2017, 43 (08): 1577-1584.

[33] 曾秋芬, 陈特放. 多功能车辆总线周期扫描表优化设计[J]. 计算机工程与应用, 2015, 51 (07): 30-34, 55.

[34] 李炳乾, 王勇, 谭小虎, 等. 基于混合遗传算法的 TTE 静态调度表生成设计[J]. 电子技术应用, 2016, 42 (10): 96-99, 103.

[35] 丁培丽. 时间触发以太网关键技术研究与核心模块设计[D]. 杭州: 浙江大学, 2018.

[36] 吴璇, 朱晓荣. 基于随机网络演算的物联网业务流量建模与分析方法[J]. 南京邮电大学学报 (自然科学版), 2018, 38 (02): 22-28.

[37] 单东辉. 基于随机网络演算的高速铁路车——车通信性能评估[D]. 成都: 西南交通大学, 2018.

[38] 李莹. 基于随机网络演算的高速铁路无线网络性能评估[D]. 北京: 北京交通大学, 2015.

[39] 韩江磊. 基于随机网络演算的高铁应急场景下 D2D 通信的无线网络性能分析[D]. 兰州: 兰州交通大学, 2019.

[40] 陶艳, 龚娟. 列车网络控制技术原理与应用[M]. 北京: 中国电力出版社, 2010.

[41] 陈特放, 曾秋芬. 列车微机与网络控制技术与应用[M]. 北京: 科学出版社, 2012.

[42] 吴琼. 基于工业以太网的集散控制系统的设计与实现[D]. 南昌: 南昌航空大学, 2013.

[43] 李森林. 实时以太网技术提升数字化变电站过程层通信性能的研究[D]. 济南: 山东大学, 2013.

[44] 杨茂. 面向运动控制的实时以太网研究与开发[D]. 南京: 南京航空航天大学, 2012.

[45] 陈本源. 基于交换式以太网的实时工业通信相关理论与技术研究[D]. 武汉：武汉理工大学，2010.

[46] 胡晓娅. 基于交换式以太网的网络控制系统研究[D]. 武汉：华中科技大学，2006.

[47] 张雷. 工业以太网拓扑设计与优化研究[D]. 杭州：浙江大学，2012.

[48] Carvajal G, Chun W W, Fischmeister S. Evaluation of Communication Architectures for Switched Real-time Ethernet[J]. IEEE Transactions on Computers, 2014, 63 (1)：218-229.

[49] Ashjaei M, Behnam M, Nolte T, et al. Performance Analysis of Master-slave Multi-hop Switched Ethernet Networks[C]. 8th IEEE International Symposium on Industrial Embedded Systems, Porto, 2013：280-289.

[50] Joonkyo K, Bum Y L, Jaehyun P. Preemptive Switched Ethernet for Real-time Process Control System[C]. 11th IEEE International Conference on Industrial Informatics, Bochum, 2013：171-176.

[51] Schneider R, Zhang L, Goswami D, et al. Compositional Analysis of Switched Ethernet Topologies[C]. Design, Automation & Test in Europe Conference & Exhibition, Grenoble, 2013：1099-1104.

[52] Boncagni L, Barbalace A, Sadeghi Y, et al. Switched Ethernet in Synchronized Distributed Control Systems Using RTnet[J]. IEEE Transactions on Nuclear Science, 2011, 58 (4)：1793-1799.

[53] Hyung-Taek L, Herrscher D, Volker L, et al. IEEE 802.1AS Time Synchronization in A Switched Ethernet Based In-car Network[C]. Vehicular Networking Conference, Amsterdam, 2011：147-154.

[54] Kern A, Hongyan Z, Streichert T, et al. Testing Switched Ethernet Networks in Automotive Embedded Systems[C]. 6th IEEE International Symposium on Industrial Embedded Systems, Vasteras, 2011：150-155.

[55] Carvajal G, Fischmeister S. A TDMA Ethernet Switch for Dynamic Real-time Communication [C]. 18th IEEE Annual International Symposium on Field-Programmable Custom Computing Machines, Charlotte, 2010：119-126.

[56] 吴晶. 基于TDMA的应用于WBAN的MAC设计[D]. 武汉：华中科技大学，2012.

[57] Dong Y, Gidlund M, Youzhi X. Performance Analysis on A New MAC DT-CSMA[C]. 37th Annual Conference on IEEE Industrial Electronics Society, Melbourne, 2011：3522-3527.

[58] Aryafar E, Salonidis T, Jingpu S, et al. Synchronized CSMA Contention：Model, Implementation, and Evaluation [J]. IEEE/ACM Transactions on Networking, 2013, 21 (5)：1349-1362.

[59] Alonso A, Mecklenbrauker C F. Stabilization Time Comparison of CSMA and Self-Organizing TDMA for Different Channel Loads in VANETS[C]. 12th International Conference on ITS Telecommunications, Taipei, 2012：300-305.

[60] 黎晓亮. 多层令牌重分配流量整形研究[D]. 合肥：国防科学技术大学，2010.

[61] 崔天英. 伪令牌总线在中心式车辆导航系统中的实现及性能分析[D]. 长春：吉林大学，2008.

[62] 缪学勤. 实时以太网技术最新进展[J]. 电气时代，2005 (6)：23-25.

[63] 梅凯. 基于实时以太网的同步技术的研究[D]. 北京：北京工业大学，2012.

[64] 杨茂. 面向运动控制的实时以太网研究与开发[D]. 南京：南京航空航天大学，2012.

[65] 赵凤鸣. Ethernet POWERLINK 实时以太网分析[D]. 包头：内蒙古科技大学，2012.

[66] IEC/SC65C/WG11 中国代表团. IEC SC65C联合工作组会议（丹麦）纪要[J]. 仪器仪表标准

化与计量，2004（4）：2-3.
[67] 刘凯. 排队论算法的适应性研究[D]. 北京：中国地质大学（北京），2012.
[68] 孟坤. 基于排队论的通信网络 QoS 研究[D]. 镇江：江苏大学，2008.
[69] 李振伟. 基于网络演算的时间触发以太网的研究[D]. 成都：电子科技大学，2013.
[70] 陈艳平. 基于网络演算的 QoS 分析方法与保障技术[D]. 哈尔滨：哈尔滨工程大学，2012.
[71] 可娟. 智能配电通信网 QoS 策略研究及性能分析[D]. 昆明：云南大学，2013.
[72] 漆华妹. 基于网络演算的无线 Mesh 网络 QoS 性能研究[D]. 长沙：中南大学，2010.
[73] Yong X，Xiaodong T，Han L，et al. Insertion Based Packets Scheduling for Providing QoS Guarantee in Switch Systems[C]. International Conference on Communications，Circuits and Systems，Fujian，2008：453-456.
[74] Thiele D，Diemer J，Axer P，et al. Improved Formal Worst-case Timing Analysis of Weighted Round Robin Scheduling for Ethernet[C]. International Conference on Hardware/Software Codesign and System Synthesis，Montreal，2013：1016-1026.
[75] Heidinger E，Kammenhuber N，Klein A，et al. Network Calculus and Mixed-integer LP Applied to A Switched Aircraft Cabin Network[C]. IEEE 20th International Workshop on Quality of Service（IWQoS），Coimbra，2012：1-4.
[76] Lei Z，Xin C，Xudong X，et al. A Stochastic Network Calculus Approach for the End-to-end Delay Analysis of LTE Networks[C]. International Conference on Mobile and Wireless Networking（iCOST），Shanghai，2011：30-35.
[77] Malta L，Da Silva Oliveira R. A Model to Calculate Exact End-to-End Delay of Sporadic Flows on AFDX Network Using Mathematical Programming[C]. Brazilian Symposium on Computing System Engineering（SBESC），Natal，2012：87-92.
[78] Santos R，Pedreiras P，Yekeh F，et al. On Hierarchical Server-based Communication with Switched Ethernet[C]. IEEE Conference on Emerging Technologies and Factory Automation，Bilbao，2010：189-194.
[79] 倪文波，王雪梅. 高速列车网络与控制技术[M]. 成都：西南交通大学出版社，2010.
[80] 史红梅. 动车组控制与管理系统[M]. 北京：北京交通大学出版社，2012.
[81] 王达. 深入理解计算机网络[M]. 北京：机械工业出版社，2013.
[82] 沈鑫剡. 路由和交换技术[M]. 北京：清华大学出版社，2013.
[83] 罗杰. 基于以太列车骨干网的高速列车网络应用研究[D]. 成都：西南交通大学，2013.
[84] 岳丽全，戴小文，谭克利. 基于 ETB 的列车通信网编址和寻址方法[J]. 计算机应用，2013，33（1）：4-7.
[85] 刘夏阳，吴庆丰，黄松涛，等. 以太网互联列车通信网络寻址方案探讨[J]. 铁道机车车辆，2012，32（3）：48-52.
[86] 夏浩延. 基于 NetFPGA 的以太网列车骨干网列车拓扑发现协议研究与仿真[D]. 成都：西南交通大学，2013.
[87] 樊高. 基于以太列车骨干网的高速列车网络性能仿真研究[D]. 成都：西南交通大学，2013.
[88] 李硕，王学望，康锐. 面向完整性要求的航空电子全双工交换式以太网可靠性评价参数研究[J]. 西安交通大学学报，2013，47（3）：126-131.
[89] 周厚顺，黎放，胡斌. 基于二元决策图的多阶段任务系统可靠性分析[J]. 海军工程大学学报，2012，24（4）：97-100.
[90] 徐楠楠. 基于二元决策图的网络可靠性分析方法概述[J]. 商情，2011（31）：183-184.
[91] 何明，权冀川，郑翔，等. 基于二元决策图的网络可靠性评估[J]. 控制与决策，2011，26（1）：32-36.

[92] 涂序跃. 基于二元决策图的系统可靠性模块分析方法[J]. 华东交通大学学报, 2010, 27 (5): 53-57.

[93] 李永忠. 计算机网络理论与应用[M]. 北京: 国防工业出版社, 2011.

[94] 郭超勇, 刘建强, 游小杰, 等. 高速动车组列车网络控制系统仿真与建模研究[J]. 系统仿真学报, 2012, 24 (6): 1165-1169.

[95] 张沛, 张智江, 刘晓甲, 等. 下一代光接入网[M]. 北京: 北京邮电大学出版社, 2012.

[96] 陈晓文, 程恩. 应用于时分复用无源光网络上行信号的光功率均衡器[J]. 厦门大学学报 (自然科学版), 2012, 51 (5): 829-833.

[97] 孙琳, 李若, 周天. 基于被动时反的时分复用下行通信研究[J]. 哈尔滨工程大学学报, 2013 (10): 1254-1260.

[98] 胡辽林, 章鹏博, 华灯鑫, 等. 时分复用光纤光栅传感阵列中 DFB 激光器的高精度温控设计[J]. 传感技术学报, 2012, 25 (7): 921-925.

[99] 洪璐, 洪锋, 李正宝, 等. CT-TDMA: 水下传感器网络高效 TDMA 协议[J]. 通信学报, 2012, 33 (2): 164-174.

[100] 杨文, 李霞. 一种用于水声通信网的全动态 TDMA 协议[J]. 东南大学学报 (自然科学版), 2012, 42 (1): 7-13.

[101] 曾庆瑾, 张可, 王泽阳. 基于物联网的智能抄表高效 TDMA 协议设计[J]. 计算机工程与应用, 2013 (21): 37-41.

[102] Carvajal G, Fischmeister S. A TDMA Ethernet Switch for Dynamic Real-time Communication [C]. 18th IEEE Annual International Symposium on Field-Programmable Custom Computing Machines, Charlotte, 2010: 119-126.

[103] 王防修, 周康. 基于回溯法的 Dijkstra 算法改进及仿真[J]. 计算机仿真, 2013, 30 (11): 352-355.

[104] 王树西, 吴政学. 改进的 Dijkstra 最短路径算法及其应用研究[J]. 计算机科学, 2012, 39 (5): 223-228.

附录

专业术语中英文对照

（按中文术语拼音排序）

按优先级排队：priority queuing，PQ

边扩张：Edge Expansion，EE

边扩张图：Edge Expansion Diagram，EED

编组网的组交换机：Consist Switch，CS

车辆级编组网：Ethernet Consist Network，ECN

传输控制协议：Transfer Control Protocol，TCP

单调速率算法：Rate Monotonic，RM

电子控制单元：Electrical Control Unit，ECU

动态平滑加权轮询-最小截止期优先：Dynamic Smooth Round Robin-Earliest Deadline First，DSRR-EDF

多功能车辆总线：Multifunction Vehicle Bus，MVB

二元决策图：Binary Decision Diagram，BDD

非抢占优先级调度：Non-preemptive Priority Queuing，NPQ

非实时数据：Non-real-time Data，NRD

服务质量：Quality of Service，QoS

骨干网节点：Train Backbone Node，TBN

过程数据：Process Data，PD

航空电子全双工交换式以太网：Avionics Full Duplex Switched Ethernet，AFDX

混合整数线性规划：Mixed Integer Linear Programming，MILP

基于模糊控制的量子粒子群自适应优化算法：Fuzzy-controlled Quantum-behaved Particle Swarm Optimization，FQPSO

基于虚拟链路交换式以太网的列车通信网络：Virtual Link Switched Ethernet Based Train Communication Network，VLSTCN

加权轮询调度：Weighted Round Robin，WRR

加权优先级调度：Weight Priority Queuing，WPQ

监视数据：Monitoring Data，MND

绞线式列车总线：Wire Train Bus，WTB

介质访问控制协议：Medium Access Control，MAC

可满足性模理论：Satisfiability Modulo Theories，SMT

粒子群优化算法：Particle Swarm Optimization，PSO

量子粒子群算法：Quantum-behaved Particle Swarm Optimization，QPSO

列车级骨干网：Ethenet Train Backbone，ETB

列车控制单元：Vehicle Control Unit，VCU

列车控制和管理系统：Train Control and Management System，TCMS

列车实时数据协议：Train Real-time Data Protocol，TRDP

列车通信网络：Train Communication Network，TCN

旅客信息系统：Passenger Information System，PIS

人机界面：Human Machine Interface，HMI

时分多址接入：Time Distributed Multiple Access，TDMA

时间敏感网络：Time Sensitive Network，TSN

实时非周期数据：Real-time Aperiodic Data，RAD

实时以太网：Real-Time Ethernet，RTE

实时周期数据：Real-time Cycle Data，RCD

输出队列：Output Queue，OQ

输入队列：Input Queue，IQ

同步实时通信：Isochronous Real-time，IRT

网络设备：Network Device，ND

先到先服务：First come first served，FCFS

消息数据：Message Data，MD

虚拟输出队列：Virtual Output Queue，VOQ

严格优先级队列：Strictly Priority Queue，SPQ

以太网骨干网节点：Ethernet Train Backbone Node，ETBN

音视频桥接技术：Audio Video Bridging，AVB

用户数据报协议：User Data Protocol，UDP

载波监听/碰撞监测：Carrier Sense Multiple Access/Collision Detection，CSMA/CD

中央控制单元：Central Control Unit，CCU

终端设备：End Device，ED

周期利用率：Period Utilization，PU

主处理单元：Main Processing Unit，MPU

最短处理时间优先算法：Shortest Processing Time First，SPTF

最小松弛优先调度算法：Least Laxity First，LLF

最早截止期优先：Earliest Deadline First，EDF